Karin Dörner

Auf einmal geht alles wie von selbst

W0229204

HERDER / SPEKTRUM

Band 4553

Das Buch

Geschichten gegen Kinderängste, die Halt und Sicherheit geben. Denn Kinderseelen sind verletzlich – und anders als Erwachsene können Kinder ihre Sorgen und Nöte nicht gleich in Worte fassen: Am leichtesten finden sie sich wieder in Geschichten, die ihre eigene Situation spiegeln, in denen sie ihre eigenen Gefühle und Erfahrungen erkennen – und die Lösungen anbieten. Karin Dörner, die in ihrer psychotherapeutischen Praxis viel mit Kindern arbeitet, hat spannende und lustige Geschichten geschrieben, die genau auf die Situation der Kinder eingehen: ob es Schwierigkeiten in der Schule sind, störende Angewohnheiten wie z.B. Nägelkauen, Gefühle von Unsicherheit und Angst: Die Geschichten in diesem Buch machen Mut und helfen Kindern, Vertrauen zu fassen und ihre eigene Sicherheit wiederzufinden. Die kleine Heldin Lena und ihr großer Bruder Michael sind ganz normale Kinder mit all den Sorgen und Problemen, die fast alle Kinder haben. Sie meistern sie mit „Mutsätzen", die in jeder Geschichte enthalten sind und die wirksam helfen. Kinder gewinnen so Vertrauen in die eigenen Fähigkeiten, in das eigene Können – beim nächsten Mal geht dann alles schon viel leichter.

Die Autorin

Karin Dörner, Dipl. Psych., Psychologin in freier Praxis, zwei Kinder, lebt in Hamburg. Bei Herder/Spektrum: zusammen mit Christiane Nebel und Alexander Redlich: Geschichten für gestreßte Kinder. Vorlesegeschichten zum Entspannen und Mutigwerden (Band 4362).

Karin Dörner

Auf einmal geht alles wie von selbst

Vorlesegeschichten zum Trösten und Mutmachen

Herder

Freiburg · Basel · Wien

Gedruckt auf umweltfreundlichem,
chlorfrei gebleichtem Papier

Originalausgabe

Alle Rechte vorbehalten – Printed in Germany
© Verlag Herder Freiburg im Breisgau 1997
Herstellung: Freiburger Graphische Betriebe 1997
Umschlaggestaltung: Joseph Pölzelbauer
Umschlagmotiv: © Look Bildagentur
ISBN 3-451-04553-2

Inhalt

Einleitung

Drei Gedanken über Geschichten

Manchmal sagt jemand von einer Person: „Die kann gut Geschichten erzählen", und lächelt versonnen dabei, und wenn man genau hinschaut, dann ist es das Lächeln eines Kindes, das einer schönen Erinnerung nachsinnt.

Geschichten lesen oder erzählen oder vorlesen sind Dinge, die wir alle kennen. Jeder Erwachsene kennt sicherlich wenigstens eine Geschichte oder ein Märchen aus der Kinderzeit, an die er sich auch im hohen Alter noch erinnert.

Geschichten haben immer mehrere Funktionen:

Zunächst ist die Unterhaltung wichtig. Die Geschichte soll interessant, anrührend oder spannend sein, so daß man sie gerne liest oder hört.

Zweitens gibt sie Informationen, die man selber in seinem Leben nutzen kann, also lehrt sie etwas.

Als drittes soll sie eine Identifikation mit den beschriebenen Personen ermöglichen, so daß man mit den Personen fühlen und sich in ihre Situationen hineinversetzen kann. Der Leser oder Zuhörer macht sich ein inneres Bild von den Personen und ihrem Leben und wird dabei von seiner eigenen Vorstellungskraft geleitet. So wird das, was in der Geschichte erzählt wird, ein Teil unseres eigenen Erlebens.

Diese drei Punkte machen deutlich, wie wichtig Geschichten in unserem Leben sind und welche Möglichkeiten der persönlichen Entfaltung Geschichtenerzählen oder -hören in sich bergen.

Dieses Buch soll Geschichten erzählen, die Kindern Spaß machen und ihr Interesse wecken. Die Kinder können einen Teil von sich selbst und ihrer Welt in den Geschichten wiederfinden und über das Zuhören und Begreifen hinaus Lösungsmöglichkeiten für schwierige Situationen erkennen. So ist der erste Schritt für die Entwicklung eigener Lösungen getan.

Die Geschichten sollen aber auch den Vorlesenden interessieren und anregen, ebenfalls in die Geschichte einzutauchen und zu verstehen, von welchen Sorgen und Nöten Kinder in unserer Gesellschaft geplagt werden.

Die Sprache der Kinder

Kinder werden von so vielen Gefühlen überflutet und wissen häufig keine Namen dafür. Und da sie ihre Gefühle nicht benennen können, drücken sie sich in ihrer Körpersprache, ihrer Mimik oder durch Handlungen aus. Auf diese Art sprechen die Kinder ihre eigene Sprache, die ihre Eltern und die anderen Erwachsenen häufig nicht mehr verstehen und daher aus ihrem Erwachsensein heraus deuten. Diese Deutungen berücksichtigen oftmals nicht, daß die Kinder uns etwas, was sie bedrückt, verwirrt oder verängstigt, mitteilen wollen. Wir Erwachsenen sind schnell dabei, das Verhalten der Kinder in ein Schema zu bringen, um uns den Umgang mit den Kindern zu erleichtern. Wir haben häufig nicht die Geduld und die Inspiration, um gut genug zuzuhören und den Kindern zu erlauben, sich auf ihre eigene Art auszudrücken. So entstehen Mißverständnisse, die festgeschrieben werden. Zum Beispiel sagen wir dann: „Das Kind ist Daumenlutscher, Nägelbeißer, Träumer. Es ist spontan, laut, jähzornig, uneinsichtig, unangepaßt, ungezogen" und so weiter.

Die Kinder in den Geschichten sind ganz normale Kinder mit ganz normalen Problemen. Diese Kinder machen Erfahrungen, die es ihnen ermöglichen, Schwierigkeiten zu meistern und damit auf ihren kleinen Beinen fest zu stehen. Kinder, die Laufen lernen, hält man an der Hand und hält sie so lange fest, wie es nötig ist, bis sie ihre Erfahrungen gemacht haben, die manchmal recht schmerzlich mit Beulen und Schrunden bezahlt werden müssen. Am Ende des Laufenlernens steht jedoch die glückliche Erfahrung: Ich habe es geschafft, ich falle nicht mehr hin. So sollen die Geschichten eine liebevolle Hand sein, an der die Kinder sich sicher fühlen.

Was hat der Vorleser davon?

Die Nähe und Vertrautheit, die entstehen, wenn man Kindern vorliest, ermöglichen es dem Vorleser, alte Erfahrungen neu zu erleben. Beim Vorlesen wird eine eigene Welt geschaffen, die klein und überschaubar ist und in der man die Reaktionen und Empfindungen ganz dicht und unmittelbar erlebt. Vorleser und Kind teilen diesen Raum miteinander, indem sie ähnliche Gefühle spüren und damit eine starke Basis für eine liebevolle, verständnisvolle Beziehung schaffen.

Für die Vorlesenden kann es außerdem viel Spaß bedeuten, ihre Talente als Schauspieler auszuprobieren und eigene Vorlieben und Abneigungen wahrzunehmen.

Die Eltern sind eine Geschichte lang entlastet von der Verantwortung zur Erziehung und können zulassen, daß sich bei ihnen selbst und bei dem Kind innere Bilder entwickeln, die einen Prozeß in Gang setzen, der ganz von allein weitergeht.

Was haben die Kinder davon?

Das Kind kann sich in den Geschichten wiederfinden und erkennen, daß andere Kinder auch Probleme haben. Und das tut so gut, nicht mehr ganz allein zu sein! Die Lösungen, die in den Geschichten aufgezeigt werden, beenden die Hilflosigkeit und führen aus Sackgassen heraus. Auf diese Weise erfährt das Kind, daß sogar in schwierigen Situationen ein Weg gefunden werden kann oder daß manche Dinge auch von selbst ohne eigenes Zutun wieder gut werden. So kann das Vertrauen des Kindes gestärkt werden, so daß es Mut und Zuversicht bei sich entdecken kann. „Mutsätze", die die Kinder in den Geschichten benutzen, können eine gute Hilfe bei der Alltagsbewältigung sein. Diese Sätze besitzen etwas Magisches, einer Zauberformel gleich, die doch jedes Kind und jeder Erwachsene gelegentlich so nötig braucht.

Kleine Anregungen für das Vorlesen

Die Geschichten sollten immer in einer ruhigen Atmosphäre vorgelesen werden, zum Beispiel vor dem Schlafengehen oder an einem regnerischen Nachmittag, wenn man es sich gemütlich macht. So wird ein überschaubarer Raum geschaffen, in dem jeder sich wohl fühlen kann und neugierig auf die Geschichte wird. Beim Vorlesen sollte man das unterhaltende Element in den Vordergrund stellen und nicht die Erziehung oder das Lernen. Die Lerneffekte treten ganz von allein auf, ohne daß man genau verstehen muß, wie das geht. Vielleicht kann man hinterher noch über die Geschichte sprechen und sogar Alternativen zu den beschriebenen Lösungen entwickeln. Nach meiner Erfahrung genügen jedoch die Geschichten, da sie Wege nehmen, die das rationale Bewußtsein nicht kennt.

Geschichten zum Trösten und Mutmachen

Grundthema der Geschichten ist Angst. Angst ist in unserer Zeit ein Gefühl, das sich sehr in den Vordergrund des seelischen Erlebens gedrängt hat. Unter dem dünnen Lack von Konsumorientiertheit und Zukunftsoptimismus hat sich Angst ausgebreitet und in alle Ecken unserer Seele geschlichen. Um den Anforderungen des täglichen Lebens gewachsen zu sein, verdrängen wir die Angstgefühle, geben uns cool und fit, flexibel und belastbar und trauen uns selten, Gefühle von Schwäche und Traurigkeit zu äußern. Die Werbung, die unser aller Leben beherrscht, verstärkt diesen Trend, indem sie ununterbrochen gutaussehende, gesunde, junge und alte Werbeträger einsetzt, die fröhlich und optimistisch in die Welt schauen und jede Schwierigkeit, falls es überhaupt eine geben sollte, mit Schwung und Kraft meistern. Menschen, die diesem Bild nicht entsprechen, sind in unserer Arbeitswelt, die von Hektik, Reizüberflutung und Konkurrenz geprägt ist, nicht gern gesehen. So ist es nur zu verständlich, wenn wir Menschen frustriert und gestreßt reagieren und auch im privaten Bereich, im Familien- und Freundeskreis, nicht sofort und vor allem nicht dauerhaft auf eine ruhige, gelassene Spur überwechseln können. Diese Unruhe überträgt sich auf unsere Kleinen, die feine Antennen besitzen und sofort auf vielfältige Weise Unruhe, Streß, Anspannung und Gereiztheit widerspiegeln.

Wir Erwachsenen sind die Vorbilder unserer Kinder, über die wir klagen, sie seien unruhig und aggressiv, unkonzentriert und egoistisch. Die Lehrer klagen über die Schüler, und die Eltern klagen über die Lehrer. Wenn wir wollen, daß unsere Kinder eine gute Kindheit erleben können, dann müssen wir uns die Frage stellen, wie wir mit unseren Kindern umgehen sollen? Wie können wir ihnen Freude, Mut, Hoffnung und Gelassenheit vermitteln, damit sie ihre Alltagsprobleme bewältigen können? Da wir Eltern zunächst die wichtigsten Bezugspersonen unserer Kinder für die ersten Entwicklungsjahre sind, ist es von großer Bedeutung, einige Werkzeuge für diese Aufgabe an die Hand zu bekommen. Eines dieser Werkzeuge dafür kann dieses Buch sein.

Wir Eltern haben alle eine Schulausbildung genossen. Wir verstehen etwas von Technik und Computer, aber über Menschen und vor allem über kleine Menschen haben wir in der Schule und in den Hochschulen nichts gelernt. So sind wir auf unsere eigenen Erfahrungen mit unseren Eltern oder Erziehern angewiesen, die wir sehr subjektiv wahrgenommen haben. Manche von uns wollen auf keinen Fall so sein wie die eigenen Eltern und Lehrer und bemühen sich, alles „vollkommen anders" zu machen. Andere wieder halten sich streng an frühere Erziehungsmethoden und verkennen dabei, daß unser Leben einem ständigen Wandel unterliegt. Jeder von uns sucht auf seine Weise den richtigen Weg in der Erziehung. Theorie und Praxis unterscheiden sich ja oft in eklatanter Weise, und die Befolgung aller guter Richtlinien scheitert oft an unserer eigenen Unvollkommenheit.

Die drei folgenden Grundsätze sehe ich als Grundlage für das Leben mit Kindern an:

Der erste Grundsatz lautet: Du bist mein Kind, und ich liebe dich.

Der zweite heißt: Ich bin verantwortlich für dich, und ich helfe dir, wo du es noch nicht allein kannst.

Und der dritte lautet: Du bist ein eigenständiger Mensch, und ich nehme dich ernst.

Die in diesem Buch erzählten Geschichten versuchen in unterschiedlicher Weise, diese drei Haltungen aufzuzeigen und deutlich zu machen. Die Einstellungen müssen von Eltern und Erziehern immer wieder von neuem aufgebaut werden, denn sie bröckeln sehr schnell ab und verlieren sich rasch im Alltagsgetümmel. Sie erfordern Geduld und Gelassenheit, die bekannterweise schwer zu erlangen und aufrechtzuerhalten sind. Die Eltern von Laura und Michael sind normale Eltern, die manche Fehler machen, aber auch liebevoll und verständnisvoll auf Probleme reagieren. Außerdem erleben sie, daß andere Erwachsene oder auch Freunde zur Lösung von Konflikten beitragen. Beim Vorlesen können Eltern ihre eigenen Einstellungen überprüfen und vielleicht über Veränderungen nachdenken. Darüber hinaus können sie etwas sehr Wichtiges lernen: Manche Probleme verschwinden mit der Zeit von ganz allein, wenn man mit Gelassenheit und Geduld abwarten kann und dem eigenen Kind Vertrauen schenkt. Die Geschichten von Laura und Michael eignen sich für Kinder, Jungen und Mädchen im Alter von sechs bis neun Jahren. Die Kinder dieser Altersgruppe befinden sich in einer Zeit der Unruhe, da sie aus der Stufe des Kleinkindes in die Stufe des Schulkindes hinüberwechseln. Verhalten, das bis zu diesen Alter noch toleriert oder entschuldigt wurde, gibt jetzt Anlaß zu Ermahnungen, Kritik oder gar Strafen. Kinder in diesem Alter sind wie Wanderer, die einen Weg gehen, der ihnen unbekannt ist und viele Tücken in sich birgt. Manchmal stürmen sie voran, übersehen den Wegweiser und laufen in die Irre. Manchmal sind sie müde und ängstlich und schleichen im Schneckengang, obwohl der Weg geradeaus führt und leicht zu gehen ist. Gelegentlich übersehen sie Steine und fallen auf die Nase, und hin und wieder geschieht es auch, daß sie keine Lust mehr haben, weiterzugehen, und einfach umkehren.

Wie eingangs schon dargestellt wurde, liegt fast allen Erzählungen das Gefühl von Angst in unterschiedlicher Gestalt zugrunde. Einige von den Ängsten will ich im folgenden kurz skizzieren.

Es gibt die bekannte Angst in äußeren, gefährlichen Situationen, die kopflos machen und Handlungsunfähigkeit hervorrufen kann: zum Beispiel die Angst vor dem Hund, die Angst vor Krankheit, die Angst vor Gewalt. Ich erzähle auch von Ängsten, die aus dem inneren Erleben des Kindes heraus mit oder ohne einen konkreten Anlaß entstanden sind. Zum Beispiel Angst, nicht beachtet zu werden, nicht anerkannt zu werden, verlassen zu werden. Ich beschreibe

Angst zu versagen, den Anforderungen nicht gewachsen zu sein, zum Beispiel Angst vor der Schule, Angst, einen Fehler einzugestehen, Angst, schuldig zu sein. Und ich schreibe von Angst vor Unfaßbarem, wie vor Dunkelheit und vor bösen Träumen, denen sich das Kind ausgeliefert fühlt.

Uns Erwachsenen sind diese Ängste gut bekannt. Wir haben jedoch während unserer Entwicklung Bewältigungsstrategien entwickelt, um mit den Ängsten umzugehen (mehr oder weniger günstige oder sinnvolle), so daß wir auf die Ängste der Kinder oft ungeduldig oder gereizt reagieren, da sie uns absurd oder nicht angemessen erscheinen. Ein Kind hat diese Abwehrstrategien noch nicht entwickelt und reagiert auf die obengenannten Ängste mit unterschiedlichen Reaktionen, manchmal zieht es sich zurück, manchmal wird es laut und aggressiv, häufig wird es mutlos und verliert sein schwaches Selbstvertrauen, oder es wird unkonzentriert und entwickelt störendes Verhalten. In konkreten, gefährlichen Situationen reagiert ein Kind oft mit Panik. Es ist dann häufig verwirrt und wie gelähmt und kann nicht mehr denken. Die Geschichten in diesem Buch sollen dem kleinen Zuhörer Möglichkeiten aufzeigen, wie man mit der Angst vernünftig umgehen kann und wie sich Konflikte manchmal ganz von allein in Luft auflösen. Die Geschichten von Laura, Michael und ihren Freunden sind Alltagsgeschichten, die jedes Kind in ähnlicher Form erleben kann oder auch schon erlebt hat. Kinder in diesem Alter besitzen noch viel Phantasie und Vorstellungskraft und können sich hervorragend mit den Personen in den Geschichten identifizieren. Die Alltagsgeschichten erdachte ich aufgrund einer Befragung, die meine Schwester, Lehrerin an einer Hauptschule, bei einer dritten Klasse durchführte. Die Kinder waren Feuer und Flamme bei der Befragung und haben sehr deutliche Antworten gegeben und zum Teil zauberhafte, eindringliche Bilder dazu gemalt. Folgende Fragen sollten beantwortet werden:

1) Was ist gut daran, ein Kind zu sein?
2) Was ist schlecht daran, ein Kind zu sein?
3) Worüber würdet ihr gerne eine Geschichte hören?

Die Antworten lauteten folgendermaßen: Gut ist alles, was Spaß macht, wie Spielen, Basteln, Sport treiben, Fernsehen und so weiter. Gut ist auch, was Sicherheit gibt, nämlich Familie und Freunde. Schlecht am Kindsein ist folgendes: Man bekommt Strafen, man muß früh ins Bett, man hat Ärger zu Hause und in der Schule, man muß helfen, man wird von den Großen nicht beachtet.

Bei der Beantwortung der dritten Frage ergab sich sehr deutlich, daß die Kinder am liebsten Geschichten über Kinder und Tiere hören wollten, außerdem wünschten sie sich Geschichten über Phantasiegestalten mit magischen Kräften.

Ich habe mich über die Antworten der Kinder sehr gefreut. Sie haben mir bei der Auswahl der Themen für meine Geschichten außerordentlich geholfen.

Die Hauptpersonen der Geschichten, Laura und Michael, leben mit Mama und Papa in einer Wohnung in der Stadt. Sie haben Großeltern, Nachbarn und Freunde und zwei Katzen. Ich habe bewußt einen sicheren Bezugsrahmen gewählt, weil ich weiß, daß Kinder um ihrer eigenen inneren Sicherheit willen einen übersichtlichen Rahmen brauchen, in dem sie lernen können, mit Problemen umzugehen. Kinder lieben es, in Art einer Fernsehserie immer wieder etwas von denselben Personen zu hören, da es ihnen die Identifikation und die Entwicklung eigener Lösungsstrategien erleichtert. Die Erzählungen sind immer wieder nach demselben Muster aufgebaut. Zunächst wird eine kurze Einführung gegeben, so daß sich für den kleinen Zuhörer ein inneres Bild ergibt. Danach wird eine schwierige Situation dargestellt, die negative Empfindungen auslöst. Zu dieser Zeit ist noch keine Lösung für das Problem in Sicht. Unruhe, Angst, unklare Gedanken werden deutlich beschrieben, so daß auch der kindliche Zuhörer diese Empfindungen bei sich selber spüren kann. In einigen Erzählungen tritt dann zu diesem Zeitpunkt ein Augenblick der Besinnung ein, der Klarheit schafft, so daß in das rationale Denken Ruhe eintritt und Lösungen gefunden werden können. In anderen Geschichten erscheint in diesem Moment Hilfe in Form einer Person (ähnlich wie der Deus ex machina auf der Bühne), die eine Lösung anbietet und Trost geben kann.

Ich führe in manchen Geschichten eine Entspannungsformel ein, kurz die E-Formel genannt, die lautet: Tief durchatmen! Ruhig werden! Klar denken! Diese Formel wird in abgewandelter Form häufig eingesetzt. Michael oder Laura benutzen diese Formel in der Geschichte als Selbstinstruktion, um Abstand von den Angstgefühlen zu bekommen. Dabei wird ihnen bewußt, daß sie 1) eine Veränderung in ihrem Fühlen und inneren Erleben bewirken können, so daß sie ruhiger werden, und 2) daß sie in einer scheinbar hoffnungslosen Situation einen Handlungsspielraum haben, den sie durch intensives Nachdenken und genaues Hinschauen entdecken können. Wenn Laura oder Michael durch die E-Formel erkennen, daß sie zwar Angst haben, aber dennoch etwas tun können, ist die Lösung des Problems nicht mehr weit. Diese Formel bleibt nach meiner Erfahrung im Gedächtnis der Kinder sehr gut haften, so daß man sein Kind durchaus ermutigen kann, die Formel ruhig selbst einmal zu benutzen. In manchen Geschichten erleben Laura und Michael im Traum die Hilfe von Phantasiegestalten, die magische Kräfte besitzen und bei Angstgefühlen helfend und tröstend eingreifen können. Nach einem solchen Traum können die beiden ihrem Alltag wieder mit Erleichterung und positiven Gedanken begegnen. Das Kind, das die Phantasiegeschichten hört, macht die Erfahrungen von Laura und Michael mit und erlebt selbst in seiner Vorstellung die Gefühle, die Erleichterung und die Freude, die die beiden spüren.

Andere Möglichkeiten des Modells „Lernen" bieten die

Geschichten, in denen Tiere menschliches Verhalten darstellen und Lösungen finden, die Laura und Michael und damit auch dem kleinen Zuhörer einleuchten und sie zu eigenen Überlegungen anregen.

Das ist ein Überblick über die Gedanken, die mich dazu brachten, die Geschichten von Michael und Laura zu schreiben. Die Geschichten beschreiben nur in einem kleinen Ausschnitt die Schwierigkeiten, die unser Alltag für Große und Kleine mit sich bringt. Sie sind als Anregung gedacht, eigene Ideen und Vorstellungen zu entwickeln.

Viel Spaß mit den Geschichten!

Zum Schluß möchte ich noch alle Erwachsenen, die dieses Buch lesen, anregen, in ihre Kinderzeit zurückzugehen und sich zu erinnern, wie schwierig und schön die Zeit gewesen ist. Wie sie selbst mit Problemen umgegangen sind, welche guten und schlechten Erfahrungen sie selbst gemacht haben.

Erinnern Sie sich daran, wie kreativ Sie als Kinder waren, Sie haben gebastelt und gemalt, getanzt und gesungen. Wie schade ist es, daß mit dem Erwachsenwerden diese schöpferischen Ausdrucksmöglichkeiten immer mehr eingeschränkt wurden zugunsten des rationalen Verstandes.

Mit Ihrem Kind haben Sie noch einmal die Chance, Kindheit zu leben und zu erleben mit dem Wissen, das Sie als Erwachsener haben. So können Sie Ihre Kinder an die Hand nehmen und mit ihnen in die Erzählungen hineinspazieren.

Wie Laura Jonglieren lernt

Für ein Kind, das manchmal keine Lust zum Üben hat

Es regnet in Strömen: Der Wind fegt durch die Straße und wirbelt die nassen rosa Blütenblätter der Japanischen Kirschen durch die Luft. Laura schüttelt sich und kriecht ganz tief in ihren Regenmantel hinein. Es ist Mai und so kalt und regnerisch wie Anfang April. April, April kann machen, was er will! Brr, ist das kalt und naß. Laura fängt an zu laufen, patscht mit den Füßen in Pfützen und merkt, wie ihre Füße immer nasser werden. Der blaue Ranzen hüpft auf ihrem Rücken hin und her, und die Buntstifte klötern durcheinander. Oh je! Das Rumpeln im Ranzen erinnert sie wieder daran, daß sie eigentlich keine Eile hat, nach Hause zu gehen. Ihr Herz wird schwer, wenn sie an die Klassenarbeit denkt, die sie heute zurückbekommen hat. Im Diktat hat sie so viele Fehler gemacht, daß Frau Müller-Hagen sie streng anschaute und meinte, sie müsse wohl mal mit ihrer Mutter reden. Wenn Laura so ganz ehrlich ist, so muß sie sich eingestehen, daß sie auch nicht so schrecklich viel geübt hat. Üben ist aber auch so langweilig! Das Diktat hat so unendlich lange gedauert! Mitten im Diktat liefen die Gedanken davon wie Schäfchen auf einer grünen Weide, Laura hatte aus dem Fenster geschaut und nicht mehr richtig zugehört, und alles hatte sich in ihrem Kopf verwirrt.

Laura ist sehr traurig, denn sie will ihre Mutter nicht enttäuschen. Mama bietet immer an, mit ihr die Wörter und Sätze zu üben, und Laura erfindet dann jedesmal Ausflüchte, weil sie gar keine Lust dazu hat. Spielen ist doch viel schöner! Aber dieses Mal hatte sie Mama fest versprochen, sich anzustrengen, und nun ist es wieder schiefgegangen!

Laura seufzt, das Leben ist manchmal verflixt schwer. Sie kommt am Bäckerladen vorbei. „Hm", es riecht so lecker nach den frischen Brötchen, daß ihr das Wasser im Mund zusammenläuft. Die Geschäftsstraße ist heute nicht sehr belebt. Die wenigen Leute, die unterwegs sind, haben es sehr eilig, ins Trockene zu kommen. – „Halt", jetzt wäre Laura fast gegen den Türpfosten in ihrem Haus gerannt. Der Hausflur in dem alten Haus ist dunkel und riecht muffig. Mehrere Räder lehnen unten an der Wand, und der Kinderwagen von Frau Schröder steht neben dem Fahrstuhl gleich hinter dem Schild „Fahrräder abstellen verboten". Laura grinst: Gleich wird die Hausverwalterin loskeifen mit ihrer kreischigen Stimme. Sie sieht und hört alles, wie eine böse Hexe aus dem Märchen, und alle Mieter im Haus haben ein wenig Angst vor ihr. Laura läuft immer ganz schnell an ihrer Wohnungstür vorbei, damit sie sie nicht aufhalten kann. Hm, geschafft, jetzt noch drei Treppen, und sie steht vor ihrer Wohnungstür. Sie klingelt, keiner macht auf. Laura kramt nach ihrem Schlüssel im Ranzen, der Schlüssel ist nicht da ... vergessen. Auch das noch! Sie hat Hunger und merkt, daß es ihr kalt in den nassen Sachen ist. Sie setzt sich auf die Treppenstufen, kauert sich zusammen und schläft bald ein.

„Laura, was machst du denn hier? Hast du schon wieder den Schlüssel vergessen?" Mutters ärgerliche Stimme weckt sie auf. Laura reibt sich die Augen und sieht, wie sich ihre Mutter kopfschüttelnd über sie beugt. Sie ist genervt, Laura merkt es sofort. So folgt sie ihrer Mutter mit hängendem Kopf in die Wohnung, zieht die nassen Sachen aus und trödelt eine ganze Weile herum. Wie soll sie bloß ihrer Mutter von der schlechten Arbeit erzählen, wenn sie so schlechte Laune hat? „Essen ist fertig", ertönt Mutters Stimme aus der Küche. Laura schlüpft in die Küche, setzt sich hastig auf die Eckbank und stößt mit dem Ellenbogen das Glas Saft um, das neben ihrem Teller steht. Die neue Tischdecke ist hin. „Laura, kannst du denn nicht ein einziges Mal aufpassen?" fährt Mutter sie an und macht dabei ein böses Gesicht. Laura kämpft mit den Tränen und weiß überhaupt nicht, was sie sagen soll. Sie will schnell den Saft aufwischen, macht aber mit dem Lappen alles nur noch schlimmer, so daß ihre Mutter ihr den Lappen aus der Hand nimmt und ihr einen wütenden Blick zuwirft. Heute ist mal wieder ein schwarzer Tag, wie so oft in letzter Zeit. Alles geht schief, sie vergißt Aufträge, verliert alle möglichen Dinge, ist häufig so hastig, daß sie sich weh tut und etwas umstößt oder kaputtmacht. Und immer, wenn sie sich besonders viel Mühe geben will, ist sie ungeschickt und macht etwas falsch. „Wo bist du bloß wieder mit deinen Gedanken?" schimpft die Mutter und stellt ihr einen Teller mit Spaghetti vor die Nase. „Paß auf!" sagt sie noch, aber da hat Laura schon einen riesengroßen roten Soßenfleck auf dem hellblauen Pullover. Laura senkt den Kopf und macht sich ganz klein. Sie braucht ihre Mutter nicht anzuschauen, um zu wissen, was sie denkt. Sie kämpft wütend mit den langen Spaghetti und würde am liebsten heulen, aber das verkneift sie sich. Sie stochert in dem Essen herum – eben hatte sie doch noch so großen Hunger –, aber jetzt schmeckt es ihr überhaupt nicht mehr. Sie schiebt den Teller zurück. Unter den bohrenden Blicken ihrer Mutter schleicht sie sich aus der Küche in ihr Zimmer. Sie legt den Kopf auf die Schreibtischplatte, und schon kullern ein paar Tränen.

Laura träumt: Auf einer bunten Blumenwiese spielen viele Jungen und Mädchen. Ein Junge jongliert mit drei Bällen, die er geschickt immer wieder in die Luft wirft. Ein Mädchen geht ganz langsam Schritt für Schritt über einen Schwebebalken, ohne zu fallen, und mehrere Kinder üben Bockspringen. Ein anderes Mädchen baut sorgsam und ruhig ein riesiges Kartenhaus, und ganz hinten ist ein größerer Junge dabei, einen großen Turm aus verschiedenen Gläsern zu errichten. Alle lachen fröhlich und rufen sich manchmal etwas zu, aber dann wenden sie sich wieder ihren Aufgaben zu und lassen sich nicht ablenken. Laura schaut ihnen staunend und ein bißchen neiderfüllt zu. So etwas würde sie auch gern können. Plötzlich hört sie eine helle Stimme: „Laura, komm, mach mit", aber Laura schaut nicht auf und schüttelt nur den Kopf. „Es geht ja doch nicht. Ich kann gar nichts, ich habe nur Pech." Und dann fängt sie an, all ihre Mißgeschicke aufzuzählen, die ihr in letzter Zeit passiert sind. Sie vergißt ihre Schlüssel, sie verliert wichtige Dinge, sie schreibt schlechte Arbeiten, sie kleckert bei Tisch und stößt Gläser um, sie fällt hin und schlägt sich das Knie auf, sie vergißt einfach alles. Und beim Aufzählen steigt eine heiße Kummer-Welle in ihr auf, und dann kullern dicke heiße Tränen über ihre Wangen. Plötzlich spürt sie, wie jemand sie vorsichtig am Ärmel zieht und sagt: „Komm, ich helfe dir, ich bin sicher, daß du es schaffst." Sie reibt sich die nassen Augen und schnieft. Vor ihr steht ein kleines Mädchen, einen Kopf kleiner als sie, sonst sieht sie aber ganz so aus wie Laura. Laura staunt: „Wer bist du denn? Du siehst ja aus wie ich." Das kleine Mädchen legt den Finger auf den Mund und grinst, und Laura fängt nach kurzer Zeit auch an zu grinsen. Das kleine Mädchen zieht sie mit sich zu den anderen Kindern. Ein Junge drückt ihr zwei Bälle in die Hand und sagt: „Schau genau hin und mache es so wie ich", und dabei wirft er ruhig einen Ball nach dem anderen in die Luft und fängt sie wieder auf. „Aber das ist ja ganz leicht", sagt Laura abschätzig, „die anderen machen es mit viel mehr Bällen." Eine kleine Hand zieht wieder an ihr, und das kleine Mädchen gibt ihr fröhlich lachend einen Schubs: „Sei nicht so hochnäsig, fang erst einmal mit zwei Bällen an." „Na gut", widerwillig wirft sie die Bälle in die Luft. So einfach, wie sie dachte, ist das gar nicht. Mal fällt der eine, mal der andere Ball zu Boden. Die Hände verheddern sich, und sie zappelt wie ein Fisch an der Angel. Aber sie ist gefangen von der Übung und will nicht mehr aufhören. „Siehst du", sagt die Kleine nach einer Weile, „es wird immer besser." Tatsächlich, es wird immer leichter. „So, jetzt will ich mehr Bälle, das kann ich jetzt, es wird mit zwei Bällen zu langweilig", ruft Laura mit Begeisterung. „Nein", sagt die Kleine, „du mußt noch eine Weile üben, bis du es sicher beherrschst. Es ist schön, etwas gut zu können, und gar nicht langweilig. Man muß lange üben und einen Schritt nach dem anderen machen." Und nun nimmt die Kleine auch zwei bunte Bälle, und so stehen sich die beiden Lauras gegenüber, lachen sich an und werfen die bunten Bälle immer geschickter in die Höhe. „Ja", ruft die Kleine, „genauso mußt du es machen! Gut machst du das!", und Laura fühlt sich auf einmal ganz stolz.

Laura wacht auf mit einem guten Gefühl und hat noch die Stimme der Kleinen im Ohr: „Du mußt noch eine Weile üben und einen Schritt nach dem anderen machen. Ja, genauso! Gut machst du das!"

Vor ihr auf dem Tisch liegen drei bunte Bälle, Jonglierbälle. Laura ist höchst erstaunt und betastet sie vorsichtig. Sie fühlen sich genauso an wie die Bälle in ihrem Traum. Aber das ist kein Traum. Mama steht hinter ihr, legt ihr zärtlich die Arme um die Schulter und sagt: „Schau, was ich dir mitgebracht habe, damit kann man seine Geschicklichkeit und Konzentration üben." „Ja", sagt Laura, „ich weiß. Man muß einen Schritt nach dem anderen machen und erst mit zwei Bällen üben, und das macht ganz viel Spaß." Als sie das sagt, muß sie ganz laut lachen, so wie die winzige Laura in ihrem Traum.

Plötzlich stürmt Michael, ihr großer Bruder, in ihr Zimmer. „Was habt ihr, zeigt mal her. Toll, das sind ja Jonglierbälle, wie im Zirkus. Gib her, ich zeig' euch mal, wie das geht." Er nimmt die drei Bälle, wirft sie hoch, und dann bricht das Chaos los. Ein Ball knallt gegen die Zimmerdecke, der zweite zischt haarscharf an Mamas Kopf vorbei und wirft den Blumentopf von der Fensterbank, und der dritte kracht in Lauras Puppenhaus. Laura und Mama sehen sich an, fangen an zu kichern und können gar nicht wieder aufhören. Michael macht aber auch so ein dummes Gesicht. „Tja", sagt Mama, „du großer Jongleur mußt wohl noch ein bißchen üben. Nun mach mal schön Ordnung, wir gehen inzwischen ein Eis essen."

„Ja, ja", nickt Laura ein bißchen schadenfroh und denkt noch einmal an ihren Traum. Es ist schon richtig, daß man einen Schritt nach dem anderen machen muß, um etwas zu lernen. Sie nimmt sich vor, diesen Satz niemals zu vergessen: Einen Schritt nach dem anderen!

Beim Eisessen mit ihrer Mutter findet sie endlich den Mut, von ihrem schlechten Diktat zu erzählen. Sie erzählt ihr auch, daß sie sich schämt, weil sie nicht geübt hat, und verspricht ihr, daß sie von jetzt an geduldiger beim Lernen sein möchte.

Der Haareausreißer

Für ein Kind, das manchmal störende Angewohnheiten hat

Laura träumt mit offenen Augen und kaut an den Fingernägeln – überall, in der Schule, bei den Schularbeiten, beim Fernsehen, ihre Nägel sind an beiden Händen bis auf die Fingerkuppen abgenagt, so daß es schon manchmal richtig weh tut. Sie schämt sich natürlich sehr, weil es häßlich aussieht. Deshalb steckt sie so oft wie möglich ihre Hände in die Hosentaschen, denn keiner soll ihre häßlichen Hände sehen. Wenn keine Taschen zum Verstecken da sind, ballt sie ihre Hände zu kleinen Fäusten und drückt die Finger ganz tief in die Handflächen hinein. Wenn sie jemanden begrüßt und ihm die Hand gibt, zieht sie ihre Hand ganz schnell wieder zurück und versteckt sie hinter ihrem Rücken. Aber eigentlich hilft das alles gar nichts. Alle haben ihre abgekauten Finger längst schon gesehen und ihre Bemerkungen darüber gemacht. Tante Lotte war ganz entsetzt und sagte: „Ach, das arme Kind. Warum ist es denn bloß so nervös? Laura muß mehr Vitamine kriegen!" Und Oma Kathi meint, das käme alles nur vom langen Fernsehen, und früher hätte man den Kindern Senf auf die Finger geschmiert. Oder ihnen in der Nacht die Finger festgebunden, damit sie mit dem Nägelkauen aufhörten.

Laura stellt sich vor, mit festgebundenen Händen im Bett zu liegen, und hat ein banges Gefühl dabei. Papa sagt, wie so häufig: „Laßt doch das Kind, das geht ganz von selber wieder weg." Und das ist eigentlich das Angenehmste. Aber helfen tut das nicht besonders, denn Laura weiß ganz genau: Sie will nicht an den Nägeln kauen, sie schämt sich so sehr, und sie will auch nicht, daß sich die Leute Gedanken darüber machen oder sie auslachen. Mama ist traurig, weil sie keinen Rat weiß. Michael verspottet sie und sagt: „Du bist wie der Struwwelpeter, bloß umgekehrt." Wie war das noch mit dem Struwwelpeter? An beiden Händen ließ er sich nicht schneiden ... ja und dann hatte er ganz eklig lange Nägel, so wie sie jetzt eklig kurze hat.

Souhalia ist eine von Lauras besten Freundinnen. Sie kommt aus Marokko und hat noch drei ältere Geschwister, die im Internat sind. Vor einem Jahr kam sie zum erstenmal in Lauras Klasse, und Laura fand sie gleich so süß, mit ihren dunklen Wuschellocken und den großen Kulleraugen. Damals konnte Souhalia noch nicht gut Deutsch sprechen, und manche aus der Klasse machten sich lustig über sie. Aber dann zog Souhalia jedesmal ein bitterböses Fratzengesicht, kreuzte zwei Finger und zischte irgendein ur-langes arabisches Wort, so daß man sich richtig fürchten konnte. So hörten bald auch die Dümmsten mit der Hänselei auf. Laura beneidete Souhalia damals sehr darum, daß sie sich nicht auslachen ließ. Irgendwann später, als sie sich schon besser kannten, frage sie Souhalia einmal, was sie denn gesagt hätte. Und da mußte Souhalia furchtbar grinsen und sagte: „Das heißt so ähnlich wie: ‚Du sollst zu einem stinkenden Ziegenbock werden'." Sie wollte sich ausschütten vor Lachen. Ach, hätte doch Laura bloß auch so ein Zauberwort, damit sie nicht mehr gehänselt würde. Sie war das Nägelkauen so leid. Vielleicht sollte sie einmal Souhalia fragen.

Souhalia und Laura trödelten nach Hause. Souhalias Mutter, die bei der marokkanischen Botschaft als Dolmetscherin arbeitete, hatte heute ihren freien Tag, und Lauras Mutter war zu einem Vorstellungstermin gegangen, da sie wieder anfangen wollte, halbtags zur arbeiten. „Komm mit zu mir", sagte Souhalia, „meine Großmutter aus Marokko ist zu Besuch und hat uns sicher etwas Gutes gekocht."

„Oh toll", sagte Laura, denn sie war neugierig darauf, die Großmutter aus diesem fernen Land kennenzulernen. Als sie Souhalias Wohnung betraten, empfing sie ein leckerer würziger Duft aus der Küche. Souhalia rief etwas in ihrer Sprache, und dann erschien die legendäre Großmutter in der Tür. Sie trug ein langes blaues Gewand, und um den Kopf hatte sie ein rotes Tuch gewunden, unter dem sich ein paar schwarze Locken kringelten. Ihr braunes Gesicht war von tausend Fältchen durchzogen, und an ihren Ohren schaukelten ein Paar riesige goldene Ohrringe. Sie lachte die Kinder mit ihren dunklen Augen fröhlich an. Sie deutete zur Küche, während sie rasch mit vielen RRs und zischenden LLs auf die beiden einredete. „Sie hat uns Hühnchen-Topf gemacht", übersetzte Souhalia, „hm, das ist lecker, du wirst sehen." Souhalias Mutter saß in der Küche und streckte Laura freundlich ihre Hand entgegen. Sie kannte Laura schon gut, denn die beiden Mädchen besuchten sich häufig. Verlegen reichte ihr Laura die rechte Hand und zog sie schnell wieder zurück. „Was ist mit deiner Hand, Laura", fragte Souhalias Mutter, „hast du dich verletzt?" Lauras Gesicht wurde dunkelrot. Sie versteckte ihre Hände hinter ihrem Rücken und brummelte irgend etwas wie nein. Souhalias Mutter fragte nicht weiter, sondern sagte: „Komm, iß mit uns. Das Gericht auf dem Herd ist eine Spezialität meiner Mutter. Sie hat alle notwendigen Gewürze aus Marokko mitgebracht." Es roch so köstlich, daß Laura das Wasser im Mund zusammenlief. Plötzlich durchzuckte sie wieder der Gedanke an ihre Fingernägel, und ihr wurde ganz heiß. Jetzt würden wieder alle ihre abgekauten Fingernägel sehen. Wie schrecklich! Aber der Duft des Essens war so verführerisch, daß sie ihre Hände vergaß und sich gern mit an den Tisch setzte. Tatsächlich, so ein Gericht hatte sie noch nie gegessen. Hühnchen in einer leckeren Soße mit Rosinen, Mandeln und Kuskus dazu. Laura mußte immer wieder über die Bezeichnung Kuskus lachen, womit so etwas Ähnliches wie Reis gemeint war, den Laura schon oft bei Souhalia gegessen hatte. Während sie aß, spürte Laura auf einmal den forschenden Blick von Souhalias Mutter auf ihren Händen.

Laura wurde wieder tiefrot und wußte nicht, wohin sie schauen sollte. Ihre Kehle wurde eng, wie zugeschnürt, und sie merkte, daß ihr gleich die Tränen kommen würden. Der Moment ging jedoch zum Glück schnell vorbei, und bald saßen alle vier vergnügt bei Pfefferminztee und süßen Honigmandeln um den marokkanischen Messingtisch im Wohnzimmer herum. „Das ist bei uns in Marokko immer die Zeit zum Geschichtenerzählen", sagte Souhalias Mutter. „Nach dem Essen, wenn es so heiß ist, ziehen wir uns in das dunkle kühle Haus zurück, trinken Tee, und die alten Frauen erzählen den jungen von weisen Männern und klugen Frauen, von Geistern und geheimen Worten."

Laura ließ sich behaglich in ihren Sessel zurücksinken, hörte zu und betrachtete aufmerksam das fremde Gesicht von Souhalias Oma. Laura hatte schon viele Bilder von Marokko gesehen. Die Menschen hatten eine dunkle Hautfarbe und trugen lange Gewänder. Es gab verschleierte Frauen, von denen man nur die kohlschwarzen Augen sehen konnte, aber es gab auch Frauen, die in leuchtend bunte Gewänder gekleidet und über und über mit goldenen Ketten und Armbändern geschmückt waren. Sie hatten sich oft die Haare wie auch ihre Handflächen und Fußsohlen mit Henna rot gefärbt und trugen farbenprächtige gewundene Tücher um den Kopf. So wie Souhalias Oma. Souhalia hatte ihr erzählt, daß diese Frauen aus den Bergen kämen, woher auch ihre Oma stammte.

Laura stellte sich vor, wie ihre kleine dicke Oma Kathi in so einem bunten langen Gewand wohl aussehen würde mit dicken goldenen Ketten behängt und mit rotgefärbten Haaren unter einem bunten Kopftuch. Laura lachte – das war wirklich eine witzige Vorstellung.

Souhalias Mutter erzählte: „Bei uns im Dorf in den Bergen wohnte ein alter, weiser Mann. Er war immer in ganz blaue, weite Gewänder gekleidet und trug einen blauen Turban auf dem Kopf. Wir nannten ihn den ‚blauen Mann', denn er stammte aus dem hohen Atlas, dort wo die Tuareg, ein Berbervolk, leben, die wild und frei sind und immer blaue Gewänder tragen. Aus irgendeinem Grund hatte er sich in unserem Dorf niedergelassen, und bald hatte er den Ruf, Krankheiten heilen und mit den Geistern sprechen zu können. Abends kamen die Menschen, die krank waren oder einen Rat haben wollten, zu ihm an den Dorfbrunnen, und während die Sonne blutrot hinter den Bergen unterging und die Häuser in blaue Schatten getaucht wurden, half er den Menschen, zu verstehen oder Heilung zu finden. Eines Abends kam ein Vater mit seinem Sohn zu ihm und sagte, sein Sohn sei von einem bösen Geist besessen, der ihm befehle, sich die Haare auszureißen. Er nahm dem Jungen seinen Turban ab und zeigte dem weisen Mann die kahlen Stellen auf dem Kopf des Jungen. Der Junge war unter seiner dunklen Haut tief errötet bei den Worten seines Vaters und senkte beschämt seinen Blick zu Boden. Der weise Mann sagte freundlich zu dem Vater: „Setz dich dort hinten auf die Erde", – und schaute den Jungen eine ganze Weile nachdenklich an. Dem Jungen wurde es unter den Blicken des Mannes sehr unbehaglich, und er trat von einem Fuß auf den anderen. Nach langer Zeit fragte der Alte den Jungen: „Weißt du, warum du deine Haare ausreißt?" Verlegen schüttelte der Junge den Kopf. „Tut es dir weh, wenn du die Haare ausreißt?", und wieder schüttelte der Junge stumm den Kopf. Der Alte lächelte und sagte: „Wir Menschen tun manchmal seltsame Dinge und wissen nicht, warum. Meistens denken wir nicht darüber nach, sondern es geschieht einfach und wird unmerklich zu einer dummen Angewohnheit. Die bösen Geister haben nichts damit zu tun." „Ich bitte dich jetzt", wandte er sich an den Jungen, „ganz langsam deine Hand bis zu deiner Stirn zu heben und sie dort lange in der Schwebe zu halten. Spüre in deinen Arm und in deine Hand hinein, während du sie hebst, und sage mir, was du empfindest." Der Junge hob langsam seine rechte Hand und sagte schließlich nach ein paar Minuten: „Ich spüre, daß sich meine Muskeln anspannen und daß es ziemlich an-

strengend ist, die Hand in der Luft zu halten." „Halte die Hand nur weiterhin so", sprach der Alte weiter, „und greif jetzt in deine Haare und zieh dir ein Büschel aus." „Nein", erschrak der Junge, „das kann ich nicht. Das tut ja weh."
„Siehst du", lächelte der weise Mann, „wenn du es bewußt tun sollst, dann weißt du, daß es weh tut, und dann ist alles plötzlich ganz anders. Von heute an wirst du jeden Tag zehnmal deine Hand zu deiner Stirn heben und dort eine Weile verharren lassen, bis dir deine Armmuskeln weh tun, und dann reißt du dir ein Büschel Haare aus. Und in sieben Tagen wirst du noch einmal hierherkommen." Ein erstauntes Raunen ging durch die Menge, und die Verwirrung war groß. Kopfschüttelnd nahm der Vater seinen Sohn an die Hand, und die beiden gingen fort.

Nach sieben Tagen versammelten sich viele Menschen in der Abenddämmerung am Dorfbrunnen, denn die Begebenheit hatte sich wie ein Lauffeuer im ganzen Dorf verbreitet, und alle waren neugierig, wie es weitergehen würde. Der blaue Mann saß im Schneidersitz unter der Palme und sah Vater und Sohn, die sich schnellen Schrittes näherten, gelassen entgegen. „Weiser", rief der Vater schon von weitem, „es hat aufgehört. Mein Sohn kann sich nicht mehr die Haare ausreißen, obwohl er deinem Rat gefolgt ist und es jeden Tag zehnmal versucht hat." Ein aufgeregtes Murmeln erhob sich und verstummte, als der Weise die Hand hob und den Jungen fragte: „Ist es so, mein Sohn?" „Ja", bestätigte der Junge, „so ist es. Ich bin aber sehr unruhig und schlafe nicht gut." „Schließe die Augen", gebot der Alte, „fühle in dich hinein und dann sage mir, was du fühlst." Gehorsam schloß der Junge die Augen, und eine große Stille verbreitete sich. Plötzlich öffnete der Junge die Augen, und dicke Tränen kullerten über seine Wangen. „Ich bin so traurig", sagte er leise, „mein bester Freund hat mich verlassen. Er zog mit seiner Familie in die große Stadt am Meer, und ich werde ihn nicht mehr wiedersehen." Der Alte erhob sich und legte ihm ganz sanft die Hand auf den Kopf. Der Junge weinte noch eine Weile weiter, bis er immer ruhiger unter der liebevollen Hand des Alten wurde. Nach einer Weile sagte der alte Mann leise mit einem Blick auf die Menschen, die ihn umringten: „Es ist wichtig, die eigenen Gefühle zu kennen und zuzulassen, damit man sich selbst keinen Schaden zufügt. Traurigkeit, Angst und Zorn sind wichtige Empfindungen, die wir nicht unterdrücken sollen." Danach erhob er sich und schritt langsam davon in den nachtblauen Schatten. Der Vater ging zu seinem Sohn und nahm ihn tröstend in die Arme. Und dann machten sie sich auch auf den Weg nach Hause.

Laura hatte der sanften singenden Stimme von Souhalias Mutter mit dem merkwürdigen Akzent gespannt gelauscht und dabei selbstvergessen an ihren entzündeten Fingerkuppen geknabbert. Als sie an der Stelle angekommen war, wo der alte weise Mann dem Jungen sagte, er solle seine Hand an die Stirn heben, hatte Laura auch ganz automatisch ihre Hand gehoben. Als er ihn dann anwies, ein Büschel Haare auszureißen, da hatte Laura auf einmal ganz entsetzt ihre abgekauten Fingernägel angeschaut und sich vorgestellt, sie würde jetzt hineinbeißen. Mit Erschrecken wurde ihr ganz deutlich bewußt, daß es eklig weh tun würde. Komisch, wenn man sich vornahm, sich weh zu tun, dann ging es plötzlich gar nicht mehr. Was hatte der alte Mann noch gesagt? – Ach ja, es sei eine dumme Angewohnheit.

Laura ging nachdenklich nach Hause. Die Geschichte von Souhalias Mutter klang noch lange in ihr fort. Und was sehr seltsam war: Das Nägelkauen fiel ihr immer schwerer, und irgendwann hörte diese dumme Angewohnheit einfach auf.

Laura schafft es

Für ein Kind, das manchmal in Panik gerät

„Aufstehen, Schlafmützchen! Heute fahren wir an den See zum Picknick." Mit diesen Worten wurde Laura am Sonntag von Mama geweckt. Laura setzte sich in ihrem Bett auf und rieb sich die Augen. Langsam wurde sie wach und konnte erkennen, wie die Sonne durch die Gardine blinzelte. Dann schaute sie zu Mama hoch, die ihr einen dicken Kuß gab, und sah in ihr fröhliches Gesicht. „Au fein", lachte Laura, „dann kann ich meinen neuen Badeanzug anziehen", und sprang auch schon aus dem Bett. „Jetzt wird nur noch Katzenwäsche gemacht, nachher bade ich ja! Brr, ob das wohl kalt sein wird? Mal sehen." Bald saß die ganze Familie im Auto, das mit tausend Decken und Kissen, Ball und Luftmatratze, Gummitier und Badetüchern und mit vielen leckeren Eßsachen beladen war. Mama saß am Steuer, weil Papa zu faul zum Fahren war, und sang aus vollem Hals und schrecklich falsch zu den Oldies aus dem Radio. Michael hatte seinen Walkman angemacht und schaute ein wenig abwesend und schläfrig in die Gegend, und Laura kuschelte sich gemütlich in die Ecke mit Moritz, dem schwarzen, schon ein wenig abgewetzten Plüschhasen im Arm. Felder und Wiesen zogen vorbei, und es dauerte eine ganze Weile, bis Mama von der Straße auf einen Feldweg fuhr und verkündete, jetzt seien sie gleich da. Und wirklich: Hinten am Ende des Weges sah man schon das silbrige Wasser des Sees durch das Laub glitzern. Als der Wagen hielt, stiegen alle ganz schnell aus, und Laura rannte mit fliegenden Haaren zum Seeufer, zog in Windeseile Schuhe und Strümpfe aus und setzte vorsichtig, wie der Storch im Salat, ihre Füße ins Wasser. So ganz furchtbar warm war das Wasser nicht gerade, aber man konnte sich daran gewöhnen. Währenddessen schleppten alle anderen die mitgebrachten Dinge aus dem Auto, und dann ging die Suche nach einem geeigneten Rastplatz los. Wie immer gab es unterschiedliche Wünsche. Mama wollte in die Sonne, Papa unter einen Baum, Michael wollte in die Nähe des Volleyballfeldes, das weiter hinten aufgebaut war, und Laura wollte ganz nah an das Wasser. Irgendwie schafften sie es aber doch, eine Stelle zum Ausbreiten der Decken zu finden. Endlich! Geschafft. Brr, immer wieder schüttelte sie sich, weil ihr das Wasser zu kalt war. Unter den Füßen fühlte sich der Boden glitschig und modderig an, Laura mochte gar nicht weitergehen. Mama rief von hinten: „Hol' dir die Schwimmflügel", denn Laura hatte ihren Freischwimmer noch nicht gemacht. Laura schämte sich ein bißchen mit den Schwimmflügeln, das war doch eigentlich nur für Kleine, das sah doch so albern aus. Sie nahm sich ganz fest vor, bald den Freischwimmer zu machen, obwohl sie immer noch Angst vor dem Wasser hatte. Unschlüssig stand sie nun da, bis zu den Knien im Wasser. Sollte sie noch weiter gehen? Wie tief war es dahinten wohl? In dem Moment verlor sie das Gleichgewicht, rutschte auf dem glitschigen Untergrund aus und fiel mit lautem Platschen vornüber ins Wasser. Voller Panik zappelte sie mit Armen und Beinen und schluckte eine Menge Wasser, bis sie wieder ihren Kopf über Wasser halten konnte. Sie hustete und prustete und ruderte wild mit den Armen, um ihr Gleichgewicht wiederzufinden. Ihr Herz klopfte wie verrückt. Da hörte sie Papa laut rufen und sah, wie er mit langen Sätzen auf sie zulief. Er nahm sie in die Arme und murmelte: „Ist ja gut, gut", und ganz allmählich ging Lauras Atem wieder ruhiger, und der Husten hörte auf. „So", sagte Papa, „jetzt gibt es erst einmal etwas Leckeres zu essen und trinken, und nachher gehen wir alle zusammen schwimmen."

Als die Sonne ganz hoch stand, gingen alle schwimmen

und nahmen Laura in die Mitte. Dort fühlte sie sich sicher, machte ganz ruhige und gleichmäßige Schwimmzüge und atmete dabei auch ruhig und gleichmäßig, so daß Mama lobend sagte: „Bald wirst du ohne Schwimmflügel schwimmen können. Wenn du ruhig bleibst, passiert dir im Wasser gar nichts, auch wenn du mal untertauchst."

Nachher dösten Mama und Papa in der Sonne, und Michael spielte mit anderen Jungen Volleyball. Laura machte sich auf den Weg, um die Gegend zu erkunden. Ein wunderschöner Schmetterling gaukelte vorbei, ein zweiter und dritter folgten, und Laura lief hinterher. Sie hörte das Tok; Tok; Tok eines Spechtes und drehte suchend ihren Kopf zu den Bäumen hinauf. Der Specht mußte ganz in der Nähe sein. Vielleicht war es sogar ein Buntspecht mit seinem leuchtend roten Gefieder. Sie folgte dem Tok, Tok, Tok und achtete nicht mehr auf den Weg. Aua, da war sie an einem Brombeerbusch hängengeblieben und hatte einen dicken roten Ratscher am Arm. Die Brombeerranke hatte sich in ihrem T-Shirt verbissen. Laura wollte sich befreien, da erstarrte sie plötzlich. Eine fette schwarze Spinne saß direkt vor ihren Augen im Busch. Laura erschrak ganz schrecklich. Als sie sich angstvoll umsah, sah sie noch mehr Spinnen. Alle saßen in dem Busch und schienen sie mit bösen Glupschaugen anzuschauen. Ihr Atem stockte, und sie hatte ein mulmiges Gefühl im Magen. „Vielleicht sind es Giftspinnen", dachte sie voller Entsetzen. „Wenn ich mich bewege, dann gehen sie wohl auf mich los." Sie wollte schreien, aber es kam nur ein klägliches Krächzen aus ihrem Mund. Sie wollte weglaufen, aber ihre Beine waren wie aus Pudding. Außerdem hing sie ja immer noch fest an dieser blöden Dornenranke. Sie schloß vor Grauen die Augen, doch plötzlich fiel ihr die Geschichte von Papa und dem großen Baracuda ein. Papa war einmal beim Tauchen auf einen großen Baracuda, einen Raubfisch, gestoßen, der furchterregend und bösartig aussah. Papa hatte für einen Moment die Augen geschlossen, einen tiefen Atemzug aus seinem Lungenautomaten genommen und zu sich gesagt: „Ruhig bleiben! Abstand halten! Klar denken! Der Fisch hat genausoviel Angst wie du!" Dann hatte er die Augen wieder geöffnet und sich bewegungslos im Wasser treiben lassen, bis der Baracuda mit einem schnellen Schlag seiner Schwanzflosse abdrehte und im tiefblauen Wasser verschwand. Und Papa hatte dann gesagt: „Das machen Taucher immer so in gefährlichen Situationen. Ruhig bleiben, einen klaren Kopf behalten, Abstand halten." Vielleicht könnte das ja auch hier mit den Spinnen klappen, dachte Laura. Sie atmete einmal ganz tief ein und aus und sagte zu sich: „Ruhig bleiben, klaren Kopf behalten, Abstand nehmen", und dann öffnete sie ganz vorsichtig ihre Augen einen Spalt. Wieder bekam sie einen Schreck, als sie die gräßliche Spinne so dicht vor sich sah. Sie atmete jedoch ganz tief ein und aus, und dann sah sie plötzlich, wie sich aus dem Körper der Spinne ein Faden löste und sie anfing, mit diesem Faden ein Netz zu knüpfen. Aus solcher Nähe hatte Laura das noch nie beobachtet. Es war spannend zu sehen, mit welcher Geschwindigkeit die Spinne hin- und hereilte, um das Netz fertigzustellen. Lauras Blick fiel auf die anderen Spinnen, und sie sah, daß manche Spinnen schon in ihrem Netz auf Beute warteten, andere noch dabei waren, ihr Netz zu bearbeiten. Sie sah auch einen kleinen Käfer im Netz zappeln und fühlte großes Mitleid mit dem kleinen Tierchen, dem nun nicht mehr zu helfen war. Und jetzt auf einmal konnte sich Laura auch wieder bewegen. Ihre Beine fühlten sich nicht mehr wie Wackelpeter an. Ganz vorsichtig löste sie die Dornenranke von ihrer Schulter und verließ mit einem Gefühl der Erleichterung die Spinnengegend. Sie fühlte sich sehr stolz, daß sie die Situation so gut gemeistert hatte.

Am Abend bat sie ihren Bruder um sein Biologiebuch, weil sie mehr über Spinnen wissen wollte. Ihr Bruder schüttelte sich vor Ekel, als er die Fotos von den Spinnen sah, und war sehr erstaunt, als Laura ganz cool sagte: „Ich habe keine

Angst mehr vor Spinnen. Ich finde sie sehr interessant. Wußtest du schon, daß sie das Zwölffache ihres Gewichtes an ihrem eigenen Faden tragen können?"

Ein seltsamer Freund

Für ein Kind, das manchmal Schwierigkeiten mit seinen Freunden hat

Laura ging an dem Zimmer ihres Bruder vorbei und warf einen Blick durch die offene Tür. „Komisch", dachte sie, „warum liegt er denn auf dem Bett?", und ihr war so, als höre sie ein Schluchzen. Neugierig schlich sie sich näher, stolperte über einen Turnschuh und wäre fast auf das Bett gefallen. Wie von einer Tarantel gestochen, fuhr ihr Bruder in die Höhe und funkelte sie wütend an. „Hau ab", schrie er, „laß mich in Ruhe!" und warf sich wieder auf sein Bett. Bestürzt wich Laura zurück und verließ auf Zehenspitzen das Zimmer. Sie hatte ganz genau gesehen, daß er geweint hatte, denn sein Gesicht war rot und aufgequollen. Was er wohl hatte? Laura wußte es nicht. Nachdenklich ging sie in ihr Zimmer und überlegte. Aber so recht wollte ihr nichts einfallen. Sie holte die Tüte Gummibärchen, die sie sich so lange in ihrem Süßigkeitenversteck aufgehoben hatte, und ging leise in das Zimmer ihres Bruders zurück. Die Tür war geschlossen, und so legte sie die Tüte vor die Tür. Vielleicht würde er sich ja darüber freuen. Beim Abendessen saßen Mama und die Kinder zusammen in der Küche. Mama hatte Spaghetti gekocht, die Michael und Laura so gern aßen. Laura schmatzte und schlürfte mit viel Genuß, und dabei spritzte die rote Sauce über Gesicht und Serviette. Seitdem Papa einmal gesagt hatte, die Italiener schlürften immer beim Spaghettiessen, und es genüßlich vorgemacht hatte, konnte Mama nicht mehr so richtig über schlechte Manieren meckern. Darum gab es beim Spaghettiessen keine Tischdecke mehr und nur noch Papierservietten. Michael stocherte mit bockigem Gesicht auf seinem Teller herum und hatte anscheinend keine Lust auf Spaghetti. „Was ist los?" frage Mama genervt zum dritten Mal. „Ist irgend etwas?" „Nö", brummelte Michael und verließ seinen Platz. „Ich gehe ins Bett", und verließ mit hängenden Schultern die Küche.

„Seit ein paar Tagen ist das schon so", klagte Mama, „er kommt einfach nicht damit raus, was los ist. Ich weiß nicht, was ich tun soll. Wenn ich frage, bekomme ich keine Antwort. Er muffelt in sich rein." Seufzend räumte sie das Geschirr in die Spülmaschine und bat Laura, den Müll nach unten in die Tonne zu bringen.

Als Laura am nächsten Tag aus der Schule kam, sah sie zwei Jungen mit einem Affenzahn auf Rollerblades um die Ecke biegen. Fast hätten sie sie umgefahren. Mit einem irren Schwung bremsten sie ganz kurz vor ihr. „Blödmänner", murmelte Laura vor sich hin. Dann erkannte sie Gunnar, Michaels Freund. „Hi", rief er ihr zu. „Sag Michael, daß Rikki" – und damit deutete er auf seinen Begleiter – „und ich heute nachmittag auf den Parkplatz im Einkaufszentrum gehen, um zu üben. Er kann ja auch kommen, wenn er will." Laura starrte Rikki staunend an. So einen hatte sie hier noch nie gesehen. Rikki hatte eine Hälfte seines Kopfes kahlgeschoren und auf der anderen Seite hatte er grüne Haare, die wie eine Bürste abstanden. Das Schärfste war jedoch die Sicherheitsnadel, die an seinem rechten Ohr baumelte. Er trug Jeans mit zahlreichen Löchern und eine bunte Jacke, die mit Filzern kreuz und quer beschrieben war. Er grinste sie fröhlich an, machte eine elegante Drehung und raste mit Gunnar weiter, so daß die Fußgänger sich nur mit einem Sprung an die Seite retten konnten.

Beim Mittagessen erzählte Laura Michael von ihrer Begegnung mit Gunnar und Rikki und richtete ihm die Botschaft aus. „Wer ist Rikki?" fragte sie gespannt. „Der sieht ja cool aus." Michael wurde in Sekundenschnelle giftig und zischte: „Sollen die doch machen, was sie wollen. Der bekloppte Rikki. Nur weil er aus Berlin kommt und wie ein

Punk aussieht und gut Rollerblades fahren kann, ist er doch noch nicht der Größte. Und Gunnar ist mir so egal." Wütend schaufelte er sein Essen in sich hinein und wollte schnell den Tisch verlassen. „Halt, stop", sagte Mutter, „so geht das nicht. Du bleibst jetzt hier und hilfst mir abräumen. Schließlich können wir nichts dafür, daß Rikki Gunnars neuer Freund ist." „Ist er gar nicht", knurrte Michael, „kann mir auch egal sein."

Laura hatte genau zugehört und konnte sich jetzt auch Michaels schlechte Laune erklären. Bis vor ein paar Tagen waren Gunnar und Michael die besten Freunde gewesen und hatten jeden Nachmittag zusammen verbracht. Nun war also dieser spannende Rikki aufgetaucht, und Michael war ausgebootet. Ob das wohl stimmte? Oder bildete er sich das nur ein? „Ey, Michael", rief sie, „ist Rikki denn doof?" Von Michael hörte man nichts mehr außer dem lauten Knall, mit dem er seine Zimmertür zuschmetterte.

Später am Nachmittag klingelte es Sturm an der Tür. Als Laura öffnete, stand Rikki vor der Tür und grinste sie an. „Ist Michael da?" „Ja schon", stotterte Laura, „aber...", und wieder staunte sie Rikki mit offenem Mund an. Dieses Mal standen seine grünen Haare wie Stacheln von seinem Kopf ab.

„Cool, was", sagte Rikki, „willst du mal anfassen?" und beugte sich zu Laura herunter. Vorsichtig berührte Laura die borstigen Haare. „Die sind ja wie aus Holz." Rikkis Augen blitzten. „Alle Leute gucken hinter mir her. Manche sind ganz entsetzt, das macht Laune. Hey, wo ist denn nun Michael?" Laura deutete auf Michaels Zimmertür hinten im Gang. Rikki nickte, ging nach hinten und öffnete ohne zu zögern die Tür. „Was machst du denn hier?" hörte Laura Michaels erstaunte Stimme, dann schloß sich die Tür.

Was jetzt wohl passierte. Laura war ganz aufgeregt vor lauter Neugierde. Ob die sich wohl zanken würden? Sie schlich vorsichtig den Gang hinunter und legte ihr Ohr an die Tür. Sie hörte nur ein leises Murmeln und konnte kein

Wort verstehen. Unschlüssig stand sie vor der Tür, schließlich konnte sie ihre Neugierde nicht mehr bezähmen und schaute durchs Schlüsselloch. Da saßen die beiden doch einträchtig vor dem Gameboy und spielten ein Spiel. Laura starrte voller Verwunderung durch das Schlüsselloch und merkte gar nicht, daß Papa plötzlich hinter ihr stand. „Na", hörte sie Papas Stimme hinter sich, „Neugierde in Butter gebraten. Findest du das richtig?" Laura wurde es kalt und heiß, ihr Gesicht wurde puterrot vor Verlegenheit. „Nein", flüsterte sie beschämt und richtete sich wieder auf. Papa brummelte vor sich hin und verschwand im Wohnzimmer.

Abends fragte sie dann ihren Bruder, was Rikki denn gewollt habe. Michael lachte fröhlich und sagte, Rikki sei eigentlich doch ganz nett. Er wollte, daß sie alle drei, Gunnar, Michael und Rikki, gute Freunde würden. Rikki wollte ihm ein paar Tricks auf den Rollerblades beibringen, und er würde mit ihm auf dem Gameboy trainieren. Michael war so glücklich, daß er sogar ganz von selbst den Abendbrottisch abräumte. „Ja", dachte Laura, „Rikki ist wirklich nett, daß er etwas von Michaels Eifersucht bemerkt hat und einfach hergekommen ist. Manchmal ist es so einfach, Probleme zu lösen. Man muß bloß den Mut haben, miteinander zu sprechen."

Allein in der Nacht

Für ein Kind, das sich manchmal nachts vor dem Alleinsein fürchtet

Laura wacht mit einem Ruck auf. Sie reibt sich die Augen. Im Zimmer ist es dunkel und ganz still. Laura ist immer noch müde, aber irgend etwas, sie weiß nicht, was genau es ist, hindert sie daran, wieder einzuschlafen. Sie kuschelt sich in ihre Kissen und nimmt ihren Plüschhasen Moritz fest in die Arme. Der Schlaf will einfach nicht kommen. Unruhig bewegt sie sich hin und her, packt schließlich den Hasen zur Seite und steigt aus dem Bett. Mit bloßen Füßen tappt sie zur Tür und öffnet sie. Sie schaut den dunklen Flur entlang und horcht. Sie hört überhaupt keinen Laut. Komisch! Sonst läuft doch immer der Fernseher, oder man hört Musik. Beklommen schleicht sie zum Wohnzimmer. Alles ist dunkel. Nur ein bißchen Licht fällt aus dem Treppenhaus durch das Glas in der Eingangstür. Dort ist auch niemand. Nacheinander öffnet sie alle Zimmertüren, und dann ruft sie ganz laut: „Papa! Mama!" Keine Antwort. „Wo sind die denn nur?" Papa und Mama sind doch sonst immer da. Ihr wird ganz mulmig zumute, und eine große Angst packt sie. Sie ist ganz allein in der Wohnung. Was soll sie bloß machen? Es ist so dunkel. Michael hätte bestimmt keine Angst. Aber der schläft heute bei seinem Freund Gunnar. Die Wohnung ist so riesig und erscheint ihr auf einmal ganz unheimlich. Halt! War da nicht eben ein Geräusch an der Wohnungstür? Laura rennt entsetzt zurück in ihr Zimmer, wirft sich ins Bett und zieht sich die Bettdecke über den Kopf. Ihr Herz schlägt rasend, und ihr Atem geht ganz stokkend. Nach einer Weile beruhigt sie sich jedoch und steckt den Kopf zaghaft wieder aus dem Kissen hervor. Sie lauscht.

Sie hört nichts. Nur ihren eigenen Atem. Sie tastet nach dem Hasen und preßt ihn dicht an sich. Jetzt fällt ihr wieder der Spruch ein, den Papa einmal gesagt hat: „Ruhig bleiben! Abstand halten!" Sie merkt, daß sie ruhiger wird, daß das Herzklopfen aufhört und daß sie wieder klar denken kann. Sie ist nur zu Hause in ihrem Zimmer, und sie kann ja selbstverständlich Licht anmachen. Das hatte sie in der Aufregung ganz vergessen. Sie knipst schnell ihre Nachttischlampe an und schaut sich um. Da sitzen alle Tiere auf der Kommode, auch ihre liebste Barbiepuppe liegt in dem kleinen Puppenwagen direkt neben dem Bett. Alles ist ihr so vertraut. Sie stößt einen tiefen Atemzug vor Erleichterung aus. In dem Moment hört sie, daß ein Schlüssel klappert, die Wohnungstür aufgeschlossen wird, und plötzlich erklingen die Stimmen von Mama und Papa. „Was ist das denn?" hört Laura Mama rufen. „Bei Laura ist ja Licht!" Mama eilt in Lauras Zimmer und sieht Laura voller Erstaunen wach im Bett sitzen. „Was ist denn los, Laura?" Und nun erzählt Laura, daß sie nach dem Aufwachen nicht wieder einschlafen konnte und fürchterliche Angst bekam, als sie merkte, daß sie ganz allein in der Wohnung war, daß es so dunkel war und daß sie Geräusche gehört hatte, die ihr eine Heidenangst gemacht hatten. Und sie erzählt auch, wie sie sich an Papas Spruch erinnerte: „Ruhig bleiben! Abstand halten!" Und daß dieser Spruch ihr geholfen hatte. Mama schaut Laura liebevoll an: „Weißt du, wir waren in deinem Zimmer und glaubten, daß du fest schliefest, deshalb haben wir noch einmal einen kurzen Spaziergang durch den Park gemacht. Wenn wir gewußt hätten, daß du aufwachen würdest, wären wir natürlich hiergeblieben." Mama gibt Laura einen dicken Kuß und verspricht ihr: „So etwas machen wir nie wieder."

Nun kann der Sandmann wiederkommen und Laura eine große Mütze voll Schlaf bringen, aber er läßt noch eine ganze Weile auf sich warten, denn Lauras Aufregung klingt nur langsam ab. Papa kommt auch noch einmal zu Laura ans

Bett, und als er sieht, daß Lauras Augen einfach nicht zufallen wollen, setzt er sich auf den Bettrand und erzählt eine Geschichte: „Tief im Wald auf einem hohen Berg wohnte einmal eine Bärenfamilie in einer dunklen, dunklen Höhle. Papa-Bär, Mama-Bär und drei Bärenkinder. Das kleinste Bärenkind war erst zwei Monate alt, so ein richtiges Bären-Baby, und mußte erst noch groß und stark werden, während seine zwei älteren Brüder schon bei den Eltern in die Bärenschule gingen und lernten, was Bären so lernen müssen, nämlich Brummen, Spuren finden und Jagen. Das kleine Bärenkind mußte häufig allein bleiben, wenn die anderen in den Wald hinausgingen. Der kleine Bär war sehr bange, wenn er so allein in der dunklen Höhle saß und auf die unbekannten Geräusche lauschte. Manchmal kullerten ihm sogar ein paar Tränen über die pelzigen Bärenbäckchen, weil er sich so allein fühlte. Wenn die großen Brüder dies sahen, dann verspotteten sie den kleinen Bären und riefen: ‚Du bist ja gar kein Bär, du bist ja ein ängstliches Häschen‘, und dann wollten sie sich ausschütten vor Lachen. Der kleine Bär schämte sich ganz schrecklich, wenn sie das sagten, weil er doch auch so mutig wie seine Brüder sein wollte. Eines Abends wollten Papa-Bär, Mama-Bär und die zwei älteren Bärenkinder auf die Jagd gehen und die ganze Nacht fortbleiben. Der kleine Bär fing an zu weinen, als er das hörte. ‚Eine ganze Nacht allein in der Dunkelheit‘, schluchzte er, ‚huh, ich fürchte mich so! Nehmt mich mit, nehmt mich mit!‘ ‚Angsthase, Angsthase!‘ riefen die beiden großen Bärenkinder und kugelten sich vor Lachen über den Boden. Da richtet sich die Bärenmutter auf, erhob ihre dicken Tatzen und drohte den Großmäulern. Die beiden senkten beschämt ihre Köpfe und verkrochen sich in eine Ecke. Mama-Bär nahm ihren kleinen Bären in ihre Arme und sagte liebevoll: ‚Paß auf, ich habe eine Idee. Warte ein Weilchen, ich bin gleich wieder da.‘ Damit lief sie schnell aus der Höhle. Alle warteten ganz gespannt auf ihre Rückkehr. Auf einmal sahen sie einen Lichtschein, der immer näher kam. Mama-Bär war zurück und wurde von vielen kleinen Glühwürmchen begleitet. ‚Siehst du‘, sagte Mama-Bär, ‚die Glühwürmchen bleiben bei dir bis morgen früh. Ihr Licht vertreibt deine Angst vor der Dunkelheit. Und so fühlst du dich sicher und geborgen in unserer Höhle. Und hier hast du noch mein schönstes, rotkariertes Halstuch, dann hast du ein Stück von mir und bist nicht mehr allein.‘ Alle staunten über Mama-Bärs gute Idee und klatschten in die Hände. Dann brachte der älteste Bruder dem Kleinen seinen Lieblingstannenzapfen und der zweitälteste legte ihm einen funkelnden Stein in die Tatze, und Papa-Bär gab dem kleinen Bären sogar den riesengroßen Zahn, den er von seinem Ur-Ur-Ur-Großvater hatte. Der kleine Bär betrachtete mit leuchtenden Augen seine Schätze und strahlte über sein ganzes kleines pelziges Bärengesicht. ‚Geht nur! Geht nur!‘ rief er fröhlich. ‚Ich habe gar keine Angst mehr. Die Glühwürmchen leuchten so hell, daß ich ganz mutig sein kann.‘ “

Bei Papas letzten Worten schließt Laura die Augen und kuschelt sich gemütlich in ihre Kissen, dann schläft sie ins Traumland hinüber. Viele kleine Glühwürmchen begleiten sie dabei, so daß sie sich ganz ruhig und sicher aufgehoben fühlen kann. Papa schleicht sich leise aus dem Zimmer und läßt die Tür einen Spalt offen, damit ein schmaler Lichtstreifen ins Zimmer fallen kann. Als Laura am nächsten Tag aus der Schule kommt, steht auf ihrem Nachtischchen ein Zwerg mit einer roten Zipfelmütze, der eine kleine Laterne in der Hand hält, die man an- und ausmachen kann. „Das ist jetzt dein Glühwürmchen“, sagt Papa, „die Lampe kannst du die ganze Nacht anlassen. Dann kannst du immer etwas sehen und brauchst dich nicht mehr zu fürchten.“

Katzenmathematik

Für ein Kind, das manchmal schlecht in der Schule ist

Michael kommt wütend in die Küche, wirft seinen Ranzen auf die Erde und schreit: „Diese blöde Frau Mittag, die hat mir doch glatt eine fünf im Rechnen gegeben. Dabei hatte ich doch alles verstanden." Er versetzt dem Ranzen einen ordentlichen Tritt, so daß er durch die ganze Küche schlittert. Mama, die am Herd in einem Topf rührt, dreht sich um und sagt: „So, du Wüterich, du fühlst dich also schlecht behandelt. Meinst du denn, daß du besser bist?" „Na ja, ich weiß nicht", knurrt Michael, „ich finde das alles nur ungerecht. Gestern konnte ich das alles ganz gut, und heute ging gar nichts mehr. Als ob ich ein Brett vor dem Kopf hätte. Peng!" Er trommelt mit der Hand auf seinem Kopf herum und verschwindet, vor sich hinschimpfend, aus der Küche. Mama rührt abwesend in ihrem Topf und denkt nach.

Bisher hatte Michael noch keine Probleme in der Schule. Er lernte leicht und brauchte kaum Schularbeiten zu machen. Er brachte im ersten Schuljahr immer sehr viele Sternchen und Sonnenmännchen mit nach Hause. Nachdem es nun Zensuren gibt, ist Michael oft bedrückt und macht ein mürrisches Gesicht. Zuerst hatte er noch gute Noten, aber jetzt werden die Noten immer schlechter, vor allem in Mathematik. Mama weiß, wie sehr Michael sich darüber ärgert, und sie weiß auch, daß er gerne etwas daran ändern möchte. Aber wie?

Michael hat heute keine Lust, mit seinen Freunden zu spielen. Er möchte auch nicht in seinem Zimmer sitzen mit seinen Schulaufgaben, die sich wie ein Berg vor ihm auftürmen. Er geht hinunter an den Kanal und setzt sich auf einen

Stein. Eine Entenmutter mit acht kleinen Enten, die wie gelbe Federkügelchen aussehen, schwimmt vorbei. „Die haben es gut", denkt Michael, „die brauchen nichts zu lernen, vor allem keine Mathematik." Seufzend bückt er sich und hebt eine Handvoll Steinchen auf. Er wirft ein Steinchen nach dem anderen ins Wasser und sieht zu, wie sich Kreise im Wasser bilden. Aus einem offenen Fenster direkt über ihm klingt plötzlich laute Musik. Michael dreht sich um und spitzt die Ohren. Diese Musik hat er schon einmal im Radio gehört. Dann ertönt eine laute Stimme: „Eins, zwei, drei, vier, los!", und ein rhythmisches Klatschen beginnt. Michael wird neugierig und möchte gerne wissen, was das wohl ist. Er steht auf und sieht sich das Haus hinter sich an. Wenn er einen Stuhl hätte, könnte er hinaufsteigen und in das Fenster hineinsehen. Suchend schaut er sich um. Da stehen eine Menge Kisten. Vielleicht kann er die aufeinanderstapeln, mal sehen. Tatsächlich, die Kisten lassen sich zu einem kleinen Turm aufbauen. Michael greift zu einem Vorsprung und zieht sich daran hoch, während er den wakkeligen Kistenturm ersteigt. Nun kann er tatsächlich in den Raum hineinsehen. Es ist ein großer Saal mit Parkettboden und Spiegeln an den Wänden. Mindestens 20 Frauen und Männer sind dabei, nach einer schnellen, fetzigen Musik einen Tanz einzuüben. „Ein, zwei, drei, vier, Drehung, rechts, links, geradeaus", sagt der Mann streng, der wohl der Lehrer ist, und klatscht dabei in die Hände. „Halt, stop, noch einmal von vorne." Die Tänzer stellen sich wieder auf, ohne zu murren, und dann beginnt das Ganze von vorn. Michael staunt, wie konzentriert die Tänzer auf ihren Lehrer schauen und wie sehr sie sich anstrengen, dem Rhythmus und den Anweisungen zu folgen. Nachdem sie eine kurze Folge mindestens zwanzigmal geübt haben, klatscht der Lehrer in die Hände und ruft: „Pause! Eine Viertelstunde!" Alle lassen sich da, wo sie gerade stehen, fallen und atmen laut und keuchend ein und aus. Wie fertig die sind und wie die schwitzen! Michael ist fasziniert. Langsam erholen sich die ersten und richten sich auf. Eine Frau mit einem Pferdeschwanz, die ein schwarzes Trikot trägt, sagt ärgerlich: „Immer wieder verpatze ich die erste Folge, als ob ich nicht bis vier zählen könnte. Das ist wie bei einer mathematischen Gleichung, da hatte ich als Kind auch immer Probleme. Ich glaube, ich bin immer noch nicht konzentriert genug." Ihre Freundin lächelt sie an: „Das kann man ja trainieren! Komm, lehn dich zurück, und atme langsam ein und aus. Achte auf deinen Atem, spür, wie er ein- und ausfließt. Ganz ruhig, ganz gleichmäßig." Michael kann genau beobachten, wie die Frau anfängt, sich zu entspannen. In dem Moment betritt ein riesiger Kater in einem gelb-braunen Fell den Raum. Michael reißt die Augen ganz weit auf. Was ist das denn? Er reibt sich die Augen und erkennt, daß das ein Mensch in einem Katzenkostüm ist. Das Katzengesicht ist mit breiten gelben und braunen Streifen aufgemalt. Auf dem Fellkopf sitzen puschelige Katzenohren. Mit geschmeidigen Bewegungen bewegt sich der Kater durch den Raum. „Toll", denkt Michael bewundernd. „Der bewegt sich wirklich genauso wie ein Katzentier." Vor der Frau mit dem schwarzen Anzug bleibt der Kater stehen, macht einen Katzenbuckel und richtet sich in voller Größe auf. Alle um ihn herum lächeln erwartungsvoll. „Was jetzt wohl kommt?" denkt Michael und ist sehr gespannt. Der Kater reckt sein Gesicht in die Luft, macht einen eleganten Satz und stimmt einen Katergesang an: „Ich bin ein Kater, schaut mich an, mein Name, der ist Florian. Ich kann tanzen und singen, zählen und springen, und manchmal fang' ich eine Maus. Dafür will ich Applaus. Das hab' ich gelernt als kleiner Wicht und ohne Training, da geht es nicht. So üb' ich noch heute jeden Schritt und nehm' euch jetzt in die Schule mit. Zählt: Eins, zwei, drei, vier, und das ist der Trick! Das ist die Katzenmathematik!" Und dann jagt er mit langen Sätzen durch den Raum. „Oh je", stöhnen alle, „jetzt geht's wieder los." Dann klatschen sie jedoch und stehen langsam, einer nach dem anderen, auf. Jetzt ertönt wieder Musik. Alle stellen sich in einer langen Reihe auf und schleichen, wie Katzen es machen, unter dem strengen Blick ihres Lehrers hinter dem großen Kater her. Michaels Beine werden langsam müde auf dem wackeligen Kistenturm, so daß er den Fensterrahmen losläßt und hinunterspringt auf die Erde. Er muß ja auch nach Hause, Schularbeiten machen. Irgendwie fühlt er sich jetzt viel besser als vorhin. Er summt das Katerlied vor sich hin und läuft nach Hause. Mama wunderte sich sehr, als er so fröhlich zu Hause ankam und zur Begrüßung eine merkwürdige Drehung vollführte und ein „Miau" ausstieß.

Am nächsten Tag kam Michael an einem Plakat vorbei, auf dem der Kater Florian in voller Größe zu sehen war. Unter dem Bild stand, daß er der Star der neuen Katzenoper sei, die ab heute im Schauspielhaus spielte. Michael mußte lachen, als er an das Katerlied dachte, und spürte immer noch die Bewunderung für die Tänzer, die so unermüdlich geübt hatten. Wenn es eine Katzenmathematik gibt, die man üben muß, dachte er, dann gibt es ja auch eine Menschenmathematik, die man lange üben muß, um sie zu können. Und noch was fiel ihm ein: „Ein Meister fällt nicht vom Himmel!" sagte sein Großvater oft, und der hatte, wie er glaubte, immer recht. Oma allerdings lächelte immer etwas verschmitzt über Großvaters Rechthaberei.

Plötzlich ist man krank

Für ein Kind, das manchmal krank wird

Laura muß aufstehen, es ist schon sieben Uhr. Sie klettert aus dem Bett und fühlt sich auf einmal ganz schwindelig. „Uh", fast wäre sie hingefallen, so wackelig steht sie auf ihren Beinen. Was ist bloß los? Und jetzt wird ihr auch noch schlecht. Sie muß würgen und hält sich die Hand vor den Mund. Auf wackeligen Beinen läuft sie so schnell sie kann ins Badezimmer, und dann geht es auch schon los. Sie muß sich fürchterlich übergeben. Tränen schießen aus ihren Augen. Oh, ist das schrecklich! Sie keucht und hält sich krampfhaft am Waschbecken fest. Mama kommt ins Badezimmer und sieht mit einem Blick, was geschehen ist. Sie nimmt Lauras Gesicht in die Hände und wischt ihr mit einem kühlen feuchten Lappen Mund und Gesicht ab. Dann nimmt sie Laura in den Arm und führt sie wieder zum Bett. Sie legt ihre Hand an Lauras Stirn und schaut sie aufmerksam an. „Du bist krank, Spätzchen", sagt sie voller Sorge, „du hast eine ganz heiße Stirn. Leg dich schnell wieder hin. Heute fällt die Schule aus. Möchtest du etwas essen oder trinken?" Schaudernd schüttelt Laura den Kopf und läßt sich zurück in ihre Kissen fallen. Oh, tut das gut, wieder zu liegen. Sie schließt die Augen und fängt an zu dösen. Ganz aus der Ferne hört sie Mamas und Papas aufgeregte Stimmen, dann wird telefoniert, schließlich hört sie Türenklappen, und dann ist sie auch schon eingeschlafen. Sie wacht erst wieder auf, als Mama sich über sie beugt und ihr ein kühles Tuch auf die Stirn legt. „Ich habe dir einen Orangensaft ausgepreßt", sagt sie, „komm, trink ein wenig, du bist ja heiß wie ein kleiner Ofen." Laura trinkt ein wenig von dem Saft, dann verzieht sie das Gesicht: „Ist der sauer." Sie hat noch immer einen unangenehmen Geschmack im Mund und fühlt sich so schwach. Und jetzt spürt sie auch plötzlich noch ein heftiges Ziehen im Bauch. Au, tut das weh. Sie jammert leise vor sich hin. Mama hat ein Fieberthermometer mitgebracht und steckt es ihr unter die Achsel. „Nun, jetzt wollen wir mal sehen, wie hoch dein Fieber ist. Bleib ruhig liegen, wir müssen ein wenig warten." Nach ein paar Minuten holt sie das Fieberthermometer heraus und schaut nach. „Oh", sagt sie erschrocken, „du hast schon 39." „Ist das viel", fragt Laura mit kläglicher Stimme. „Ja", sagt Mama besorgt, „so früh am Morgen ist das sehr hoch. Ich rufe jetzt sofort Frau Dr. Müller an." Sie läuft aus dem Zimmer, um zu telefonieren. Laura döst wieder ein. „Frau Dr. Müller kommt heute mittag, um dich zu untersuchen." Mit diesen Worten kommt Mama wieder zurück, man hört Erleichterung aus ihrer Stimme. „In der Zwischenzeit mache ich dir einen Wadenwickel. Das ist ein gutes Hausmittel gegen das Fieber." Sie hat eine Plastiktüte mit Eiswürfeln gefüllt und ein Handtuch darum gewickelt. Das legt sie jetzt über Lauras Unterschenkel, schüttelt dann die Daunendecke auf und packt Laura ganz warm ein. Zuerst spürt Laura gar nichts, dann merkt sie aber doch, daß ihre Beine viel kühler werden. Ein angenehmes Gefühl. Ein paar Minuten später fängt sie jedoch wieder an zu frieren. Ihr ist auf einmal eiskalt, und sie beginnt, mit den Zähnen zu klappern. Sie strampelt mit den Füßen, um das Eispaket loszuwerden, und kuschelt sich tief in ihre Kissen. Sofort wird ihr wieder warm, dann glüht sie bald wieder wie ein Ofen, und die Bauchschmerzen hören überhaupt nicht auf. Mama sitzt neben ihrem Bett und streicht ganz sanft immer wieder mit ihrer weichen Hand über Lauras wehen Bauch. Sie singt dazu ein Kinderlied, das Laura schon so lange kennt, wie sie denken kann. „Heile, heile Gänschen, es wird alles wieder gut. Das Kätzchen hat ein Schwänzchen, wird alles wieder gut. Heile, heile Mäusespeck, in ein paar

Tagen ist alles weg." Eigentlich ist Laura schon viel zu groß für dieses Lied, aber es tut gut, Mama singen zu hören. Pünktlich um zwölf Uhr steht Frau Dr. Müller mit ihrer Arzttasche vor der Tür, um Laura zu untersuchen. Lauras Fieber ist sogar noch gestiegen, und auch Frau Dr. Müller macht ein ernstes Gesicht. Sie untersucht Laura sehr gründlich und läßt sich die Stelle zeigen, wo der Bauch so weh tut. Dann sagt sie zu Mama und Laura: „Ich fürchte, wir müssen dich ins Krankenhaus bringen, du hast eine akute Blinddarmentzündung." Mama und Laura schauen die Ärztin entsetzt an. „Ins Krankenhaus!" Laura fängt bitterlich an zu weinen, „nein, nicht ins Krankenhaus, das ist ja schrecklich! Da bin ich so allein." Frau Dr. Müller streicht Laura über den Kopf und sagt mit beruhigender Stimme: „Es wird nicht lange dauern, du bleibst dort nur drei Tage. Dein Bauch ist so entzündet, daß wir das Bauchweh herausholen müssen, sonst wirst du noch viel kränker. Deine Mutter kann dich begleiten, so wirst du nicht allein sein." Laura kann sich gar nicht wieder beruhigen, sie ist zittrig vor Angst. Mama nimmt sie ganz fest in den Arm und sagt: „Das schaffen wir schon, wir beide", und lächelt ihr ermunternd zu. Ja und dann geht alles ganz schnell. Laura kann auf einmal nur noch ganz undeutlich hören und sehen. Ihr erscheint alles ganz verschwommen, wie im Nebel. Auf einmal ist Papa da, der sie in warme Decken gehüllt die Treppe hinunterträgt und sie auf den Rücksitz des Autos legt mit dem Kopf in Mamas Schoß. Dann kommt die eilige Fahrt ins Krankenhaus, die langen Flure, der eigenartige Geruch und all die komischen grünen Männchen mit grünen Mützen auf dem Kopf, die sich über sie beugen und flüstern. Dann so ein Piekser, wie ein Nadelstich, und auf einmal weiß sie gar nichts mehr.

Laura wird wach und versucht, die Augen zu öffnen. Die Augenlider sind schwer wie Blei, so daß es ganz lange dauert, bis sie die Augen aufmachen kann. Ihr erster Blick fällt auf Mama, die neben ihrem Bett auf einem Stuhl sitzt, ein

Buch in der Hand hält und liest. Laura macht eine kleine
Bewegung, ach, geht das alles schwer! Sie will etwas sagen,
doch es kommt nur ein krächzender Laut aus ihrem Mund.
Mama sieht von ihrem Buch auf, und ihre Augen fangen an
zu strahlen. „Na, Schlafmützchen, bist du endlich wieder
wach? Ich bin ja so glücklich, daß alles überstanden ist."
Laura weiß gar nicht, was los ist. Mühsam dreht sie ihren
Kopf und sieht sich um. Sie liegt in einem hohen weißen
Bett, neben ihr stehen noch zwei andere Betten. Sie ist immer noch müde, und es kommt ihr vor, als schwebe sie wie
ein Luftballon. Sie sieht ihren Plüschhasen Moritz auf dem
Bett sitzen, und Puppe Suse lehnt an seiner Seite. Ganz allmählich wird sie klarer im Kopf, und das Schwebegefühl
verschwindet langsam. Dann fällt ihr wieder ein, wo sie ist.
Sie ist im Krankenhaus, weil sie solche Bauchschmerzen
hatte. Das Bauchweh ist weg, dafür piekst jetzt eine Stelle
unten am Bauch. Schön, daß Mama da ist, da braucht sie
keine Angst zu haben. Laura schließt die Augen müde wieder und schläft ein. Als sie zum zweiten Mal aufwacht, ist
sie putzmunter. Sie weiß auch gleich, daß sie im Krankenhaus ist. Jetzt sitzt Papa neben ihr und freut sich, daß sie die
Augen öffnet. „Na Spatz", sagt er und nimmt ihre kleine
Hand in seine große Hand. „Geht's dir besser?" Laura nickt.
Jetzt sieht sie alles klar und deutlich. Die beiden Betten neben ihr sind leer. Auf einem kleinen Tischchen stehen Le-
gosteine, und ein Junge ist dabei, einen Kran zu bauen. Er
hat eine verbundene Hand und einen Verband um den Kopf.
Ein Mädchen in ungefähr demselben Alter wie sie kommt
humpelnd ins Zimmer, und als sie sieht, daß Laura wach
ist, sagt sie: „Hallo! Ich bin Juliane, und du bist Laura, das
hat mir deine Mutter gesagt. Ich habe ein Gipsbein, und du
bist am Blinddarm operiert worden. Wie geht es dir?" Laura
kann nur nicken, so schnell kann sie gar nichts entgegnen.
Ja klar, sie ist operiert worden, das wird sicher der Schnitt
sein, der unten an ihrem Bauch so piekst. Sie ist gespannt,
wie das wohl aussieht. Nachher wird sie sich den Schnitt

mal angucken. Der Junge, der mit den Legos spielt, dreht sich jetzt um und winkt lächelnd mit der Hand. „Hej", sagt er, „ich bin Felix. Ich habe mich verbrannt." Dann dreht er sich um und spielt weiter. „Wann darf ich aufstehen?", fragt Laura ihren Vater. „Ich weiß nicht, wir müssen warten, was der Arzt sagt. Außerdem bist du jetzt noch müde von der Narkose und mußt heute viel schlafen." Am Abend kommt der Arzt zur Visite und schaut sich Lauras Bauch an. Laura ist sehr erstaunt, denn dort ist nur ein winziger Schnitt, den man später kaum sehen wird. Wenn alles gutgeht, kann Laura in drei Tagen wieder nach Hause. Spät am Abend nehmen Mama und Papa Abschied von Laura, um nach Hause zu gehen. Da wird Lauras Herz kummerschwer, und sie fängt bitterlich an zu weinen. Mama und Papa stehen unschlüssig in der Tür, denn sie wollen Laura nicht allein lassen. Doch da ruft Juliane aus dem anderen Bett: „Geht nur, geht nur, ich bin doch da!" Und dann sagt Juliane zu Laura: „Gleich, wenn das Licht aus ist, komme ich zu dir. Ich habe eine ganz tolle Geschichte erlebt, du wirst staunen." Und tatsächlich, als Mama und Papa gegangen sind und die Nachtschwester die Lampe ausgemacht hat, krabbelt Juliane etwas schwerfällig mit ihrem Gipsbein aus ihrem Bett und setzt sich, in ihre Decke gehüllt, auf Lauras Bettkante. Sie fängt an zu erzählen: „Vor einem Jahr, da fand ich eines Tages auf unserem Balkon einen schwarzen Raben, der flatterte wie verrückt herum und konnte nicht mehr fliegen. Mit Mamis Hilfe streckte ich ihn in ein großes Tuch, und dann brachten wir ihn zum Tierarzt. Der untersuchte ihn und sagte uns, der Rabe habe ein gebrochenes Bein und einen gebrochenen Flügel, und er glaubte nicht, daß er jemals wieder fliegen oder laufen könnte. Der Tierarzt schiente das Bein und umwickelte den Flügel des Raben mit einem Heftpflaster. Aber mehr konnte er nicht für ihn tun. Was sollten wir denn bloß mit dem Raben machen? Wir hatten eine Idee. Wir bauten einen großen Drahtkäfig, in den wir ihn hineinsetzten, und dann stellten wir den Drahtkäfig auf den

Balkon. Ich gab dem Raben ein Töpfchen Wasser und holte Körner und Würmer aus der Tierhandlung. Ich habe auch immer mit ihm gesprochen, und er hat mich mit seinen schwarzen Knopfaugen ganz genau beobachtet und immer ‚rab‘, rab‘, rab‘ gesagt. Ein bißchen Angst hatte ich schon vor ihm, weil er einen so scharfen Schnabel hatte und immer nach mir hackte. Aber Mama sagte, er hacke nach uns, weil er Angst habe. Abends, als es dunkel wurde, stand der Käfig ganz allein auf dem Balkon. Ich fand das sehr traurig, aber Mama sagte, es sei für den Raben nicht gut, ins warme Haus zu kommen, und so ließen wir ihn dort stehen. Am nächsten Morgen lief ich sofort zur Balkontür, und stell dir vor: Da saßen zwei riesengroße Raben vor dem Käfig, nickten mit ihren Köpfen und schnarrten immer ‚rab‘, rab‘, rab‘, rab‘.‘ Als ich hinausging, um dem kranken Raben Futter zu geben, stiegen sie mit einem lauten Flügelrauschen auf in die Luft und flogen davon. Und das passierte jetzt eine Woche lang. Diese beiden riesengroßen Raben besuchten unseren Raben jeden Tag und sprachen mit ihm, und eines Tages sahen wir, wie die beiden großen Raben mit ihren scharfen Schnäbeln auf das Drahtgitter einhackten, es war so, als wollten sie ein Loch hineinhacken. Mami meinte nachdenklich: ‚Wir wollen unseren Raben mal freilassen, mal sehen, was passiert.‘ Als wir hinausgingen, flogen beide Raben mit heftigem Flügelschlag auf einen großen Baum und starrten zu uns hinüber. Vorsichtig hoben wir das Gitter hoch und sahen mit Erstaunen, wie unserer Rabe anfing, herumzustolzieren. Zuerst noch ein bißchen zaghaft, dann immer sicherer. Dann schlug er ein paarmal mit den Flügeln und machte einen Flugversuch. Das ging noch gar nicht gut. Er torkelte in der Luft herum und landete immer wieder auf dem Boden. Aber schließlich gelang es ihm doch, über das Balkongitter zu kommen und zu den beiden anderen zu fliegen. Toll, was? Wir haben die drei noch öfter gesehen, wir erkannten den Raben immer an dem Heftpflaster am Flügel und waren sehr froh, wie gut er bald wieder fliegen konnte. Natürlich erzählten wir das alles dem Tierarzt, und der sagte: ,Ja, ja, das ist bei den Raben so wie bei den Menschen. Wenn man nicht allein ist, wird man immer schnell gesund.'"

Juliane war so begeistert von ihrer Geschichte, daß sie gar nicht bemerkt hatte, daß Laura eingeschlafen war. So kroch sie vorsichtig wieder in ihr Bett zurück und schlief dann ein. Am nächsten Tag ging es Laura prächtig. Mama, Papa und Michael besuchten sie und brachten Geschenke, und mit Juliane und Felix freundete sie sich richtig an. Vor der Nacht hatte sie auch keine Angst mehr, denn sie war ja nicht allein und wußte ganz sicher, in zwei Tagen durfte sie auch wieder nach Hause.

Das dicke Mädchen

Für ein Kind, das sich schämt,
weil es anders ist

„Au verflixt", sagt Mama und dreht sich vor dem Spiegel hin und her, „ich glaube, ich habe schon wieder zugenommen. Mein Hosenbund kneift." Sie runzelt ärgerlich die Stirn und klopft sich auf ihren Bauch. „Der Bauch muß weg", sagt sie energisch, „ab heute werde ich sehr darauf achten, was wir essen." Laura findet Mama gar nicht zu dick, aber sie weiß, daß Mama auf ihre Figur achtet, und das, was Mama dann kocht, wenn sie etwas abnehmen will, schmeckt auch allen in der Familie sehr gut. „Wir haben seit einer Woche eine Neue in der Klasse", sagt Laura zu Mama, „das ist vielleicht ein dickes Mädchen, wie ein Fettkloß ist die. Wenn die läuft, dann schwabbelt alles hin und her. Und dann hat sie noch ein rosa Rüschenkleid an. Und stell dir vor", kichert sie, „sie hat zu alledem auch noch eine rosa Schleife im Haar, wie ein rosa Schweinchen mit einem Ringelschwänzchen sieht das aus." Bei der Erinnerung daran fängt sie an zu prusten vor lauter Lachen. „Die Arme", sagt Mama mitfühlend und schaut sich noch einmal kritisch im Spiegel an, „das muß ja schrecklich sein, so dick zu sein und dann noch ein rosa Kleid tragen zu müssen." Laura hört auf zu lachen. Darüber hatte sie noch gar nicht nachgedacht. „Na ja", sagt sie lahm, „dann muß sie eben nicht soviel essen", und geht in ihr Zimmer.

Am nächsten Tag haben sie Turnen und sollen über den Kasten springen. Laura ist sehr sportlich und fliegt über den Kasten wie eine Feder. Der Lehrer braucht sie kaum festzuhalten. Als das dicke Mädchen dran ist, gucken alle ganz neugierig und sind sehr gespannt, wie die das wohl macht.

Sie läuft langsam an, und man hört sie heftig atmen. Ihr Gesicht wird sehr rot. Kurz vor dem Kasten stoppt sie und läuft daran vorbei. Ein Kichern geht durch den Raum. Das dicke Mädchen wird noch röter. „Komm", sagt Herr Schönwald ermutigend, nachdem er sich mit einem strengen Blick umgeschaut hat. „Versuch's noch einmal, ich helfe dir." Zögernd nimmt sie noch einmal Anlauf und bremst wieder vor dem Kasten. „Na gut", sagt jetzt Herr Schönwald, „beim nächsten Mal geht es sicher besser." Das dicke Mädchen senkt beschämt den Kopf und schleicht zur Seite. Bald ist die Stunde zu Ende. Alle ziehen sich um und rennen in die Pause. Laura hat ihre Jacke vergessen. Schnell noch einmal zurück in die Turnhalle, bevor die Pause vorbei ist. Sie betritt den Umkleideraum. Ach ja, da ist ja ihre Jacke. Da hört sie plötzlich ein komisches Geräusch, so ein Schnaufen und Schniefen. Neugierig streckt sie ihren Kopf um den Pfeiler und sieht das dicke Mädchen schluchzend auf der Bank sitzen. Ihr Gesicht ist von den Tränen ganz verschmiert. Schnell zieht Laura den Kopf zurück und verläßt in Windeseile den Raum. Hu, war ihr das unangenehm, Ilona, so heißt das dicke Mädchen, weinen zu sehen. „Sie tut mir wirklich leid, wie sie da so allein sitzt und heult", denkt sie, „aber ich kann ja nichts machen", und läuft wie der Wind auf den Pausenhof. Ihre Freundinnen erwarten sie schon ungeduldig, weil sie Seilspringen wollen, und so vergißt sie die dicke Ilona ganz schnell.

Nach Schulende trödelt sie langsam nach Haus, Mama kommt heute später, da sie soviel zu tun hat. Michael kommt auch erst um zwei Uhr nach Hause, denn die in der dritten Klasse haben heute ihren langen Tag. So hat Laura viel Zeit für den Nachhauseweg, denn vor halb drei wird es heute nichts zu essen geben. Sie schaut in die Auslage eines Ladens, in dem eine Gartenbank mit vielen Gartenzwergen dekoriert ist. Diese Gartenzwerge lachen alle mit dicken roten Backen und stehen um ein wunderschönes feines Schneewittchen herum. Das Schneewittchen trägt ein langes weißes Kleid und hat ein winziges Krönchen auf dem Kopf. Laura ist ganz hingerissen. Plötzlich hört sie eine zaghafte Stimme neben sich sagen: „Die sind süß, nicht?" Sie schaut sich um und sieht Ilona in diesem gräßlichen rosa Kleid neben sich stehen. „Mmh", nickt Laura, „das Schneewittchen finde ich toll." Sie muß plötzlich wieder daran denken, wie traurig und allein Ilona vorhin im Umkleideraum gewesen ist. „Ich wohne in diesem Haus", sagt Ilona zögernd, „hast du ein bißchen Zeit, dann kann ich dir mal mein Zimmer zeigen." Zuerst will Laura nein sagen, denn sie hat nicht die Bohne Lust, Ilonas Zimmer anzuschauen. „Na gut", sagt sie dann etwas widerwillig, „ein paar Minuten." Ilonas Gesicht wird ganz fröhlich, und sie läuft schnell vor Laura die Treppe hinauf in den dritten Stock. Oben bleibt sie keuchend vor der Tür stehen und klingelt. Eine dicke Frau in einem himmelblauen Kleid mit Puffärmeln öffnet mit lächelndem Gesicht die Tür. „Hallo, mein Schatz", sagt sie zu Ilona, „ich habe schon mit dem Essen auf dich gewartet. Heute gibt es süße Mohnknödel mit Buttermandelsoße, die magst du doch so gern." Ein leckerer Duft umweht Lauras Nase. Ihr läuft das Wasser im Mund zusammen. „Mutti", sagt Ilona, „ich habe Laura mitgebracht." Laura gibt der Frau höflich die Hand und sagt: „Guten Tag." „Schön, daß du mitgekommen bist, Laura", sagt Ilonas Mutter. „Wir sind noch nicht lange hier in der Stadt, und Ilona ist häufig so allein. Komm, setz dich mit an den Tisch, ich habe so viele Knödel gekocht, die können wir gar nicht allein aufessen." Und damit zieht sie die beiden Mädchen an den Eßtisch. Sie eilt in die Küche und kommt mit zwei Tellern zurück. Auf jedem Teller ist ein riesiger Berg Knödel, die in einer braunen Buttersoße schwimmen. Laura schaut entsetzt auf den Teller. Nein, diese Menge kann sie nicht aufessen. Einen Knödel würde sie gerne kosten, aber so viele? Da vergeht ihr ja der Appetit. Sie schaut hilfesuchend auf Ilona. Die kaut jedoch schon voller Genuß an ihrem ersten Knödel und schaut gar nicht auf. Laura fühlt sich sehr unbehaglich. Unschlüssig schaut sie auf ihren Teller. Was soll sie bloß tun? Die dicke Frau ist ja so nett, und es ist unhöflich, das Essen zurückzuweisen. Aber es ist auch nicht gut, eine Menge übrigzulassen. Das ist ja eine schöne Zwickmühle, in die sie da geraten ist. Ilonas Mutter hat sich auch einen großen Teller Knödel geholt und setzt sich zu den beiden Mädchen. „Was ist denn los", fragt sie Laura erstaunt, „magst du keine Knödel? Das ist eine Spezialität aus unserer Heimat. Koste nur einmal, dann wirst du gar nicht wieder aufhören können zu essen, so gut ist das." Laura druckst und druckst und wird vor Verlegenheit puterrot. „Na, probier schon", ermuntert Ilonas Mutter, „du kannst es gebrauchen, du bist ja so klein und zart. Du mußt ordentlich essen, damit du kräftig wirst. Bei uns zu Hause heißt es: Nur wer sehr kräftig ist, kann auch gut arbeiten. Und der Teller wird immer leer gegessen." Laura nimmt jetzt all ihren Mut zusammen und sagt: „Mama sagt immer, nimm dir nur so viel, wie du essen kannst, du weißt selbst am besten, wie groß dein Hunger ist. Man kann ja immer noch ein zweites Mal zulangen." Dann spricht sie weiter mit einem dünnen kleinen Stimmchen: „Entschuldigung, ich kann das nicht essen, das ist viel zuviel." Und dann wird ihre Stimme fester: „Bitte geben sie mir nur einen Knödel. Bei uns zu Hause darf sich jeder selbst die Menge nehmen, die er essen will." „Aber du wirst doch von einem Knödel unmöglich satt", sagt Ilonas Mutter und gibt Laura widerstrebend einen kleinen Teller mit nur einem Knödel darauf. „Dann bleibst du immer klein und schwach." Jetzt auf einmal mischt sich Ilona in das Gespräch ein und sagt: „Laura ist gar nicht schwach. Die ist sehr sportlich, die springt von allen am weitesten über den Kasten. Ich schaffe nicht einmal einen kleinen Sprung, und außerdem lachen mich alle aus. Mir ist das jetzt auch viel zuviel", und damit schiebt sie den Teller zur Seite. „Ich kann nicht mehr essen, ich bin längst pappsatt. Von jetzt ab möchte ich mir auch meinen Teller selbst auffüllen." Laura ist überrascht, wie bestimmt Ilona das gesagt hat. Was Ilonas Mutter wohl jetzt macht? Sie schaut sie an. Ilonas Mutter ist sehr nachdenklich geworden und scheint überhaupt nicht böse zu sein. „Ja", sagt sie zögernd, „wenn das so ist, dann muß ich vielleicht umdenken." Laura nickt eifrig. „Mama kocht immer mit wenig Fett und viel Gemüse und Salat, weil das gesund ist." Die Zeit ist schnell vergangen. Laura hört die Kirchturmuhr zwei Uhr schlagen und springt hastig auf. „Oh, ich muß jetzt nach Hause", sagt sie, „danke schön für den feinen Knödel, der war richtig lecker." Sie gibt Ilonas Mutter die Hand und nickt Ilona zu. „Bis morgen", und läuft schnell nach Hause.

Am nächsten Tag sieht sie voller Erstaunen, daß Ilona eine Jeans mit einem T-Shirt anhat. Die blöde rosa Schleife ist auch verschwunden. Dafür thront jetzt in Ilonas Haaren eine Spange mit einem witzigen bunten Vogel. Sie sieht jetzt ganz vernünftig aus, wie alle anderen, nur etwas dikker, aber selbst das fällt jetzt gar nicht mehr so sehr auf. „Hallo", sagt Laura zu Ilona, „gut siehst du aus", und Ilona strahlt. In der Pause erzählt sie Laura, daß sie gestern lange mit ihrer Mutter gesprochen und ihr erzählt hat, wie sehr sie sich schämt, daß sie so dick ist und so anders gekleidet ist als ihre Schulkameradinnen. Ihre Mutter hätte das verstanden und sei noch gestern mit ihr losgegangen, um Jeans und Turnschuhe zu kaufen. Und dann sind sie sogar noch in einen Buchladen gegangen und haben sich ein Kochbuch für Gemüse und Salat ausgesucht.

Von Eifersucht und Katzen

Für ein Kind, das manchmal das Bett naß macht

„Für morgen habe ich Tante Maja zum Kaffeetrinken eingeladen", sagt Mama zu Laura. „Ich bin so gespannt auf ihr Baby. Magdalena kommt auch mit, ihr beide habt euch ja so lange nicht gesehen. Wir wollen Waffeln backen, die mögt ihr ja so gerne." Laura freut sich. Magdalena ist Lauras Cousine, leider wohnt sie in einem anderen Stadtteil, und so sehen sich die Cousinen selten. Die beiden mögen sich sehr gerne und verstehen sich wie Schwestern. Magdalenas Mutter hat vor zwei Monaten ein Baby bekommen, das Baby ist ein Junge und heißt Thomas, aber alle nennen ihn Tommi. Laura ist sehr gespannt auf Tommi. Sie hat ihn gesehen, als er zwei Tage alt war und als sie und Mama einen Besuch bei Tante Maja im Krankenhaus gemacht haben. Er hatte überhaupt keine Haare auf dem Kopf, und seine Augen waren immer geschlossen. Laura fand, daß er wie ein verschrumpelter kleiner roter Apfel aussah, aber das hatte sie ihrer Tante nicht gesagt. Laura hatte jedenfalls nicht verstehen können, warum ihn alle so süß fanden. Na ja, vielleicht war er ja inzwischen schöner geworden.

Am nächsten Nachmittag half Laura Mama, den Kaffeetisch zu decken. Es roch in der ganzen Wohnung lecker nach Apfelkuchen. Mama war heute pünktlich aus der Agentur gekommen und hatte ratz-fatz schnell noch den Kuchen vorbereitet und in den Ofen geschoben. Mama schälte die Äpfel geschickt, ohne einmal abzusetzen, mit einem scharfen Küchenmesser, so daß aus der Schale eine lange Spirale entstand. Laura hatte das nachmachen wollen, aber ihre kleinen Hände konnten den dicken Boskopapfel gar nicht halten, das Messer rutschte immer wieder ab. Fast hätte sie sich sogar noch in den Daumen geschnitten. Es war gerade noch einmal gutgegangen. So hatte sie nur ab und zu den Finger in den leckeren Kuchenteig gesteckt, bis ihr Mama einen strengen Blick zugeworfen hatte und sagte: „Du verdirbst dir noch den Magen, dann kannst du nachher keine Waffeln mehr essen." Es war vier Uhr, und Mama und Laura warteten auf ihre Gäste. Sie warteten eine ganze Stunde lang, so daß Laura schon ganz ungeduldig wurde, denn ihr lief bei dem leckeren Kuchenduft das Wasser im Mund zusammen. Schließlich, als es fünf Uhr war und Mama sich gerade eine Tasse Kaffee eingeschenkt hatte, klingelte es Sturm an der Tür, und ihre Gäste trafen endlich ein. Tante Maja trug das Baby in einer Tragetasche. Sie hatte ein rotes Gesicht und zerzauste Haare. „Tut mir leid, wir sind zu spät, Entschuldigung. Aber an was man auch alles denken muß mit so einem Zwerg." Magdalena strahlte, als sie Laura sah, und drängelte sich an ihrer Mutter und dem Baby vorbei durch die Tür. Sie zog Laura mit sich und flüsterte verschwörerisch: „Sieh mal, was ich dir mitgebracht habe", dann zog sie ein Überraschungsei aus ihrer Hosentasche. „Habe ich dir von meinem Taschengeld gekauft." „Danke", sagte Laura, „aber laß mich doch erst einmal das Baby sehen." Damit lief sie zurück und sah gar nicht, daß Magdalenas Gesicht finster und verschlossen wurde. Neugierig beugte sich Laura über die Tragetasche. Tommi sah heute schon viel niedlicher aus. Er war nicht mehr so schrumplig, sondern hatte eine glatte Haut bekommen, und vor allem hatte er jetzt ein paar Haare, die witzig in die Höhe standen. „Er lacht ja", sagte Laura staunend, „wie süß." Magdalenas Miene wurde noch finsterer. Sie wandte sich muffig ab und ging ins Wohnzimmer hinüber und machte den Fernseher an. „Magdalena , mach den Fernseher aus!" rief ihre Mutter, „wir sind zum Klönen gekommen und wollen Kaffee trinken." Sie nahm das Baby aus der Tragetasche und legte es in ihr Tuch. Dann ging sie hinüber ins Wohnzimmer und setzte sich an den gedeckten Tisch. „Hm, lecker!" rief sie. „Selbstgebackener Kuchen! Zu solchen Sachen komme ich im Moment überhaupt nicht mehr. Der kleine Kerl hier hält mich schwer in Atem." Dabei beugte sie sich über das Baby und gab ihm einen liebevollen Kuß auf sein Köpfchen. Magdalena brummte: „Ich habe überhaupt keinen Hunger", und Laura starrte sie überrascht an. Magdalena war doch sonst ein Süßmäulchen. Komisch! „Komm, laß uns Waffeln backen", rief sie dann, „der Teig steht in der Küche." Die beiden Mädchen verschwanden in der Küche und buken einen riesigen Berg Waffeln, der aber schnell kleiner wurde, da sie beide unaufhörlich naschten. „So, den Rest kriegen die anderen", sagte Laura, nahm den Teller und wollte ihn ins Wohnzimmer tragen. Durch die angelehnte Tür hörte sie, wie sich Mama und Tante Maja unterhielten. „Und stell dir vor", sagte Magdalenas Mutter gerade mit erregter Stimme, „seitdem Tommi da ist, macht Magdalena wieder in die Hose. Jeden morgen ist ihr Bett naß, und ich muß das Bett neu beziehen, als ob ich nicht schon genug zu tun hätte."

Laura war stehengeblieben und drehte sich bei Tante Majas Worten erschrocken zu Magdalena um. Magdalena war zusammengezuckt und wurde über und über rot. Dann verzog sich ihr Gesicht schmerzlich, und sie fing laut und bitterlich an zu schluchzen. Lauras Mutter horchte auf und steckte ihren Kopf durch die Tür. „Was ist denn los, Magdalena, warum weinst du denn?" Aber sie konnte sich schon denken, daß Magdalena alles mitgehört hatte. Sie hockte sich hin und nahm Magdalena in den Arm. „Ich schäme mich so", flüsterte Magdalena, „aber ich kann gar nichts dagegen tun. Ich wache in der Nacht nicht auf, und morgens ist mein Bett naß." Sie schluchzte und schluchzte und wollte überhaupt nicht mehr aufhören. Laura stand unglücklich neben ihrer Cousine. Sie tat ihr so leid, denn sie konnte sich vorstellen, wie peinlich ihr das sein mußte, sich wie ein Baby naß zu machen. Nach einer langen Zeit hörte Magdalenas Schluchzen auf, und Mama ging mit ihr ins Badezimmer, um die Tränen abzuwaschen. Verlegen stellte Laura die Waffeln auf den Tisch im Wohnzimmer und schaute Tante Maja beklommen an. Tante Maja machte ein ägerliches Gesicht und sagte: „Ich weiß gar nicht, was wir machen sollen. Magdalena hat sich seit Tommis Geburt sehr verändert. Es macht mich wütend, daß sie so bockig ist." Laura war es unbehaglich. Verlegen trat sie von einem Fuß auf den anderen und wußte nicht so recht, was sie sagen sollte. Wenn Mama doch bloß käme, die hätte vielleicht eine Idee. Tommi fing an zu quengeln, und Tante Maja legte ihn sofort an ihre Brust. „Es ist jetzt seine Zeit zum Trinken", sagte sie, und ihr Gesicht wurde wieder weich und freundlich. Laura schaute interessiert zu, wie gierig das Baby saugte und wie angestrengt sein kleines Gesicht dabei war. Vom Flur her hörte man ein Lachen, und dann betrat Magdalena wieder das Zimmer. Magdalenas Gesicht glänzte vom Waschen, und die Augen waren wieder klar. „Ich habe Magdalena eingeladen, in den Herbstferien mit uns nach Mallorca zu fliegen", sagte Mama zu Tante Maja, „und Magdalena hat sofort ja gesagt. Was meinst du denn dazu?" „Tja, mir ist es recht", sagte Tante Maja, „es tut uns beiden vielleicht ganz gut. Ich habe viel Mühe, mich an die veränderte Situation mit Tommi zu gewöhnen und Magdalena auch. Ich bin manchmal gereizt und ungerecht zu Magdalena, und ich glaube, daß sie manchmal auch zu kurz kommt; aber was ist mit der Bettnässerei?" „Ach, das ist nicht so wichtig", sagte Mama, „das regelt sich schon irgendwie." Sie schenkte noch eine Tasse Kaffee ein und wandte sich an Laura. „Erinnerst du dich noch an Timmi, unseren schwarzen Kater?" Laura nickte. Sie konnte sich noch gut an ihn erinnern. Vor einem Jahr war er leider verschwunden und nie wieder aufgetaucht. Sie waren alle so traurig gewesen. „Ja", fuhr Mama fort, „der war so lieb und so schmusig und so gut erzogen, als er zu uns kam, er konnte sogar schon aufs Katzenklo gehen, obwohl er erst drei Monate alt war. Er kratzte nicht und biß nicht und konnte hochspringen wie ein Weltmeister. Und eines Tages war er total verändert. Er kam nicht mehr, wenn man ihn rief, er spielte nicht mehr gern und ließ sein Futter stehen. Weißt du noch Laura, wie er immer vor seinem Napf mit dem schönsten frischen Fleisch stand und mit seiner Pfote sämtliche Fleischstücke aus dem Napf schleuderte? Und dabei guckte er uns immer an, als ob er beleidigt und empört sei. Und das Schlimmste war, jedesmal, wenn wir morgens nach ihm sahen, hatte er in der Nacht einen großen See in die Küche gepinkelt. Wir haben riesige Mengen Sagrotan verbraucht und mußten jeden Morgen die ganze Küche wischen. Wir wußten überhaupt nicht, was Timmi so verändert hatte. Und als wir uns gar nicht mehr zu helfen wußten und auch schon richtig wütend waren, da sind wir zu der Katzenprofessorin gegangen." Laura nickte eifrig. Die Katzenprofessorin wohnte in der Nachbarschaft, und sie war eigentlich keine richtige Professorin. Sie hatte drei Katzen und wußte alles, aber auch wirklich alles über Katzen. So wurde sie von allen Katzenprofessorin genannt. „Ja", erzählte Mama weiter, „und die hat uns dann erklärt, warum der Timmi so schlimm geworden war. ‚Der fühlt sich vernachlässigt', hatte sie mir erklärt. ‚Sie arbeiten doch seit zwei Wochen wieder fast den ganzen Tag, und so ist der kleine Kater viel zu lange allein in der großen Wohnung. Und wenn Sie nach Hause kommen, dann müssen Sie sich um alles mögliche kümmern und haben gar keine Zeit zum Spielen und Schmusen. Das ist der Kater nicht gewöhnt, und er fühlt sich so gekränkt, daß er nicht mehr essen mag und einfach in die Küche pinkelt.' Wir waren alle verblüfft. Darüber hatten wir überhaupt nicht nachgedacht. Also nahmen wir uns alle dann viel, viel Zeit für Timmi, und wir beschlossen sogar, daß er bei uns im Schlafzimmer übernachten durfte. Nach kurzer Zeit wurde er wieder fröhlich und schmusig und führte uns wieder stolz seine Kunststückchen vor." „Und die Küche", fragte Magdalena ganz aufgeregt, „was war denn damit?" „Ach", sagte Mama leichthin, „das war niemals mehr ein Problem. Von da an ging alles fast von allein."

Das Geheimnis in der Baumwurzel

Für ein Kind, das manchmal wütend ist, weil ein Wunsch nicht erfüllt wird

Michael feiert morgen seinen neunten Geburtstag. Er hat so unendlich viele Wünsche, daß eine Seite auf dem Wunschzettel gar nicht ausreicht. Mama hatte nur den Kopf geschüttelt, als sie den Wunschzettel gelesen hatte, und gesagt: „Du weißt ja, wünschen kann man sich alles, aber alle Wünsche können nicht in Erfüllung gehen." Michael ist ganz aus dem Häuschen, wenn er an morgen denkt. Er hat zehn Freunde und Freundinnen eingeladen, und er wird die Hauptperson sein und im Mittelpunkt stehen. Mama will mit allen in den Stadtpark gehen und ein tolles Fest ausrichten. Sie hat sich viele Spiele ausgedacht und Superpreise eingekauft. Er hat schon einmal in die Tüte mit den Preisen gelinst und sich ausgesucht, was er haben möchte. Das kleine Taschenmesser findet er toll! Und das Rad, aus dem Funken sprühen, wenn man es dreht, ist auch ganz super! Das Mondauto, das in Wirklichkeit ein Radiergummi ist, würde er auch gerne haben, und dann gibt es da noch ein winziges Kaleidoskop, was so viele bunte Farben und Formen macht, das ist auch ganz spannend. „Das wird morgen ein wunderbarer Tag", denkt er. Am Abend ist er gespannt wie ein Flitzebogen und kann erst nach langer Zeit einschlafen. Früh am nächsten Morgen gibt es ein großes Hallo, als alle sich, noch in Bademänteln gekuschelt, im Wohnzimmer versammeln, wo neun Kerzen auf der Geburtstagstorte brennen und viele große und kleine Pakete aufgebaut sind. Michael kann die Glückwünsche und Umarmungen von Mama, Papa und Laura kaum abwarten, so ungeduldig ist er, seine Pakete zu öffnen. Er nimmt sich nicht die Zeit, die Bänder aufzudröseln, sondern reißt aufgeregt das Geschenkpapier auseinander. Da ist ein Buch und hier eine Kassette, in diesem Paket ist ein neuer Pulli, und da sind die neuen Knieschützer. Toll! Und von Laura hat er das neuste Legoauto bekommen, das hat sie von ihrem eigenen Geld aus dem Sparschwein gekauft. Aber, suchend blickt er sich um, wo sind die neuen Inlineskates, die er sich so glühend gewünscht hat? Er untersucht noch einmal den großen Haufen Einwickelpapier, aber er hat kein Paket übersehen. „Sieh mal, da in der Ecke." Mama streckt ihren Arm aus. Erwartungsvoll schaut er in die Wohnzimmerecke. Da lehnt das Fahrrad mit der Zehngangschaltung am Schrank, das er sich schon vor langer Zeit mit Papa zusammen ausgesucht hat. Sein eigenes Fahrrad ist schrottreif und außerdem viel zu klein geworden. Michael freut sich sehr über das Rad, aber so eine richtige Überraschung ist das ja nicht. Er wußte ja, daß er das Rad bekommen würde. „Toll", sagt er ein wenig lahm und schaut sich das Rad genau an. Vielleicht bekommt er ja von Oma und Opa die Inlineskates. Aber diese Hoffnung wird sofort enttäuscht, als Mama ihm erklärt: „Oma und Opa haben sich an dem Rad beteiligt, sonst hättest du noch ein wenig warten müssen." „Mist", denkt er, „diese starken Inlineskates, die Gunnar hat, die hätte ich so wahnsinnig gerne gehabt."

Nachdem sie alle von dem Geburtstagskuchen gegessen haben und Michael in einem Rutsch die Kerzen ausgeblasen hat, fährt er mit dem neuen Rad zur Schule. Seine Freunde bewundern das neue Rad gebührend und wollen alle einmal damit fahren und ausprobieren, wie das mit der Gangschaltung geht. Die Schulstunden schleichen im Schneckentempo vorbei. Sie wollen und wollen kein Ende nehmen. Michael wartet in der letzten Stunde sehnsüchtig auf das Klingelzeichen, und als es ertönt, schnappt er seine Sachen und ist wie ein Blitz verschwunden. Vielleicht sind ja noch Geschenke angekommen, von seinen Onkeln und Tanten. Und tatsächlich, zu Hause liegen noch zwei Päckchen, die er voller Erwartung öffnet. In einem befindet sich ein spannendes Buch und im anderen ein Videofilm von Walt Disney. Prima, zufrieden läßt er seinen Blick über den Geburtstagstisch wandern. Nur die Inlineskates, die hätte er doch gerne gehabt. Ab drei Uhr ist Geburtstagsfeier im Stadtpark. „Du bist ein Glückskind", meint Mama zu Michael, „denn die Sonne scheint mit aller Kraft, und ausnahmsweise ist auch mal kein Wölkchen am Himmel." Sie hatte einen freien Tag, und deshalb konnte sie schon Decken und Kissen in den Stadtpark schleppen und ein buntes Picknick vorbereiten mit vielen leckeren Kuchen und Getränken. Sie hatte sogar die umliegenden Büsche und Bäume mit Luftballons geschmückt. Am Abend sollte Papa den Grill bringen und für alle Kinder und Erwachsenen Würstchen grillen. Nach und nach trudeln die Gäste ein, und Michael bekommt von jedem Kind noch ein Geschenk überreicht. Dann beginnt die Kuchenschlacht. Michael verdrückt vier Stück Kuchen, sein Freund Gunnar sogar fünf! Er sieht schon ein bißchen grün aus im Gesicht, so daß Mama ihn besorgt anschaut und fragt, ob ihm schlecht sei. „Nein, nein", ächzt Gunnar, „ich bin nur pappsatt." „So", Mama klatscht in die Hände, „jetzt fangen die Spiele an! Wir beginnen mit dem Pfeilwerfen, dann können wir Sackhüpfen machen, und danach kommt das Dosenwerfen, und ganz zu Ende habe ich noch eine Überraschung für euch." Papa und Mama haben nämlich am Abend vorher im Stadtpark einen Schatz versteckt, den die Kinder heute suchen sollen. Alle stellen sich aufgeregt in einer Reihe auf, und dann geht der Wettbewerb los. Wer trifft am besten? Michael hat beim Pfeilwerfen kein Glück, er trifft nur einziges Mal von fünf Versuchen auf die Scheibe, alle anderen Pfeile gehen daneben. Aber Gunnar, sein Freund, ist der große Gewinner. Er hat viermal die Scheibe getroffen und einmal davon sogar fast ins Schwarze. Er darf sich als erster etwas aus der Preistüte aussuchen. Michael guckt grimmig, als er sieht, daß Gunnar das kleine Taschenmesser auswählt, das er selbst so gern gehabt hätte.

Nach dem Pfeilwerfen kommt das Sackhüpfen dran. Michael findet, daß das eigentlich etwas für Babys ist. Aber die anderen lachen sich scheckig, weil es so komisch aussieht, wie sie alle über die Wiese hüpfen. Wie eine wildgewordene Herde Känguruhs. Jetzt will Michael aber gewinnen. Er hält den Sack ganz fest und gibt sich viel Mühe. Mit großen Sprüngen hüpft er an der Spitze und läßt sich nicht überholen. Gleich hat er das Ziel erreicht. Da stolpert er über eine Wurzel und fällt hin. „So ein Mist", schimpft er leise, während einer nach dem anderen an ihm vorbeihoppelt. Mühsam rappelt er sich auf und macht noch einmal riesige Sätze. Er kommt aber trotzdem nur als siebter ins Ziel. Die Gewinne, die er haben wollte, sind alle weg! Er schaut in die Tüte, die Mama ihm hinhält, wühlt ein wenig darin herum und knurrt: „Ich will gar nichts, da sind ja nur noch blöde Preise übriggeblieben." Dann wendet er sich ab. Die Lust zu spielen ist ihm vergangen. Er macht nicht mehr mit. Mürrisch schlendert er zu einem großen Baum und lehnt sich an den Stamm. Voller Mißmut hört er das Lachen und Gejohle und sieht ägerlich, mit wieviel Spaß die anderen jetzt auf die Dosenpyramide werfen. Keiner scheint ihn zu vermissen. Das sind ja tolle Freunde, denen ist es ganz egal, ob es ihm an seinem Geburtstag gut geht. Wütend bohrt er seine Fußspitze zwischen die Wurzeln des Baumes. Da ist ihm, als höre er eine knarzende Stimme, die aus den Wurzeln kommt: „Hör auf, hör auf, du Dummkopf, du tust mir weh!" Er beugt sich hinunter und ist sehr erstaunt. Da ist eine knorrige Baumwurzel an seinen Füßen, die aussieht wie ein winziger Zwerg mit einer langen Nase und kleinen stechenden Augen. „Das ist doch nur eine Baumwurzel", denkt er verdattert, „woher kommen denn die Worte?" Wieder hört er die knarzende Stimme, die boshaft kichernd sagt: „Ich bin der Giftzwerg und wohne hier unter dem Baum. Das gefällt mir gut, daß du dich ärgerst, du bist genauso wie ich. Ich kann die anderen auch nicht ausstehen, deshalb lebe ich hier allein unter dem Baum. Ich gönne keinem etwas Gutes, weil es ja sowieso nur so dumme Wichte sind." Und dabei läßt er wieder ein hämisches Gelächter ertönen. Michael bückt sich noch tiefer und sieht in ein häßliches kleines Gesicht, das aussieht, als wolle es gleich Gift und Galle spucken. „Brr, was für ein unangenehmer Geselle", schüttelt sich Michael. „Wie häßlich der aussieht. Und der meint, ich sei so wie er!" Empört richtet er sich auf. „Das stimmt doch überhaupt nicht, daß ich keinem etwas Gutes gönne, und allein will ich auch nicht sein. Ich bin doch gern mit meinen Freunden zusammen. Mit einem Giftzwerg will ich nichts zu tun haben." Er schaut hinüber zu seinen Freunden, die sich alle gerade suchend nach ihm umsehen. „Michael, Michael", hört er sie rufen. Die Schatzsuche geht los, wo bist du denn?" „Ätsch, ätsch", macht er dem Zwerg eine lange Nase, „du bist ja doch nur eine dicke dumme Baumwurzel" und läuft eilig zu den anderen. Die Schatzsuche will er nicht verpassen.

Am Abend sitzen alle müde und zufrieden um den Grill herum und essen die Würstchen, die Papa gegrillt hat. Jeder von ihnen hat einen Schatz gefunden, denn es gab für jeden einen wunderschönen Stein aus Papas Sammlung. Michaels Stein leuchtet im Feuerschein golden mit einem geheimnisvollen Glanz. „Jeder Stein hat eine Gabe", hat Papa gesagt. „Ihr müßt den Stein gut aufbewahren und ihn häufig in die Hand nehmen und ihn anfühlen. Dann gibt er euch einen Teil seiner Kraft ab." So halten an diesem lauen Sommerabend alle Kinder ihren Stein in der Hand und erspüren die Kraft und den Zauber, der darin liegt.

Eine unglaubliche Geschichte

Für ein Kind, das manchmal in eine gefährliche Situation geraten kann

Es ist Sonntag morgen, es regnet. Nein, es regnet nicht einfach so, sondern es gießt wie aus Kannen. Es regnet so, als wolle der Regen die ganze Stadt überschwemmen. Dabei herrscht ein Sturm, daß sich die Äste der Bäume tief zur Erde biegen. „Wie gut, daß wir im Trocknen sitzen", seufzt Mama und macht den Fernseher aus. „Ich habe gerade gesehen, wie es auf den kleinen Nordseeinseln aussieht. Stellt euch mal vor, das Wasser läuft bei denen schon unter der Tür durch. Sie sollen jetzt vielleicht vom Hubschrauber gerettet werden." Michael hat das alles mitgehört. Er langweilt sich und weiß nicht so recht etwas mit sich anzufangen. Aber nun kommt ihm eine Idee: „Komm, Laura, wir spielen Arche Noah", ruft er seiner Schwester zu. „Was ist das, Arche Noah?" fragt Laura. „War das nicht irgend etwas mit einem Schiff und Tieren?" „Ja", erklärt Michael ungeduldig, „die Welt sollte untergehen in einer riesigen Wasserflut, und da baute ein Mann, der hieß Noah, ein riesengroßes Schiff, und auf dieses Schiff holte er von allen Tieren der Welt ein Paar, um sie vor dem Aussterben zu bewahren." „Das mußte ja ein Schiff sein, so groß, daß man es sich gar nicht vorstellen kann", sagt Laura. „Du immer mit deinen schlauen Gedanken, komm wir spielen." Sie gehen in Michaels Zimmer und drehen unter Ächzen und Stöhnen seinen Schreibtisch um. „Das ist das Schiff", sagt Michael. „Ich bin Noah, und du bist meine Frau. Jetzt holen wir alle unsere Plüschtiere und setzen sie in das Boot." Eine kunterbunte Gesellschaft findet sich da ein. Ein rosa Hund, eine graue gammelige Katze, Lauras rabenschwarzer Lieblingshase, zwei Bären, ein Tiger, ein Lämmchen und eine Schildkröte. Dann kommen noch ein Fisch und ein Affe dazu, und schließlich findet Laura noch einen verstaubten Igel in einer Schrankecke, den sie auch noch in das Boot hineinsetzt. „Wir brauchen ein Segel", schreit Michael und saust in die Küche. Er kommt mit einem Besen wieder, den er mit einem Bindfaden an ein Stuhlbein bindet. Dann zerren sie Lauras Bettuch aus dem Bett und befestigen das Tuch als Segel an dem Besenstiel. Laura schleppt alle Sofakissen herbei, die sie finden kann, und polstert die Arche Noah bequem aus. Zwei Tennisschläger werden noch vorsorglich als Ruder mitgenommen. „So, jetzt kann es losgehen." „Halt, stop! Wir brauchen Proviant!" ruft Michael und saust noch einmal in die Küche. „Mama hat uns eine Flasche Sprudel spendiert, und ich habe von den Plätzchen aus der Keksdose ein paar stibitzt", und mit diesen Worten kommt er zurück. Nun machen es sich die beiden gemütlich und schmausen mit Genuß. „Jetzt kommt die Sintflut", sagt Michael nach dem Essen und schaut wie ein Kapitän durch ein imaginäres Fernrohr in die Ferne. „Ich sehe eine riesige Welle auf uns zukommen, wir müssen rudern, damit wir nicht untergehen." Er schnappt sich einen Tennisschläger und rudert und rudert und rudert. Laura macht es ihm nach. „Achtung!" schreit Michael, „ducken, jetzt ist das Wasser da!" Und da ergießt sich der Rest der Sprudelflasche auf Lauras Schoß. „Mist", denkt Laura, „Zitronensprudel macht Flecken." „Hallo", ertönt es da von der Truhe. Da steht Opa in der Tür und hält zwei große Tafeln Schokolade hoch. „Gerade das Richtige für zwei arme Schiffbrüchige", lacht er, „wohin soll's denn gehen?" „Weit weg", schreit Laura, „vielleicht nach Jamaika." „Tja", dröhnt Opa, „das dauert aber sehr lange, wenn ihr nur rudern könnt und bei solch einem fürchterlichen Unwetter. Dann kommt mal erst zum Mittagessen, damit könnt ihr euch stärken und dann weiterrudern. Oma wartet schon im Wohnzimmer auf

euch." Oma küßt und drückt sie an ihren dicken Busen
und schiebt jedem ein Fünfmarkstück in die Hand. „Das
ist für eure Spardose", flüstert sie. Nach dem Essen zündet
sich Opa eine Pfeife an und setzt sich gemütlich in seinen
Lieblingssessel. Laura und Michael machen es sich zu seinen Füßen bequem. „Was soll's denn dieses Mal sein?"
fragt er mit verschmitztem Lächeln. „Eine unglaubliche
Geschichte", tönt es einstimmig von Laura und Michael.
Die beiden warten voller Spannung. Opa erzählt immer
unglaubliche Geschichten, die er selbst erlebt hat. Manchmal übertreibt er schamlos, wie Oma sagt, und wenn sie
das sagt, dann kichert Opa immer ein bißchen in sich hinein. Opa überlegt einen Moment, und dann fängt er an:
„Also, das war wirklich eine unglaubliche Geschichte",
und pafft eine dicke Rauchwolke aus seiner Pfeife. „Wir
waren viele Jahre in Nordafrika, Oma und ich, das wißt ihr
ja schon. Und ihr wißt auch, daß ich dort ganz häufig getaucht habe. So richtig mit allem drum und dran, mit Tau-
cheranzug und Bleigürtel, mit Luftflaschen und Atemgerät.
Wir hatten auch immer Harpunen dabei, um Fische zu jagen. Eines Tages sind wir bei hohem Wellengang mit einem großem Fischerboot auf das Meer hinausgefahren, wir
wollten einen dicken Zackenbarsch jagen, den wir schon
lange beobachtet hatten, der uns aber immer wieder an der
Nase herumgeführt hatte. Er kannte alle Felsspalten und
Felslöcher in der Gegend, und immer, wenn wir dachten,
jetzt kriegen wir ihn, machte er eine blitzschnelle Bewegung mit der Schwanzflosse – und weg war er. Dieses Mal
war es das gleiche. Er spielte Katz und Maus mit uns. Und
schließlich hatten wir nur noch wenig Luft in unseren Flaschen und mußten auftauchen. Doch stellt euch unseren
Schreck vor: Als wir an die Oberfläche kamen, war unser
Boot nicht mehr da. Die See war aufgewühlt, und gewalti-
ge Brecher krachten gegen die Felsen. Wir hatten alle drei
riesige Angst und dachten, jetzt ist es aus mit uns. Aber
wir hatten immer so gut trainiert, daß wir sofort an die

Taucherformel dachten, die kennt ihr ja auch, nicht wahr?" Die beiden nickten und riefen im Chor: „Tief durchatmen! Ruhig bleiben! Klar denken!" „Gut", nickt Opa, „ihr habt schon viel gelernt. Nun ein bißchen Luft war noch in den Flaschen, also atmeten wir tatsächlich ein paarmal tief durch. Dann machte ich ein Handzeichen: Bleigurt abwerfen! Und dann drehten wir uns wie auf Kommando von den Felsen weg aufs offene Meer, denn sonst wären wir von den Wellen auf die Felsen geschmettert worden. Immer, wenn so ein riesiger Brecher kam, tauchten wir durch ihn durch, aber das kostete viel Kraft, und wir wurden langsam müde. Wir verloren die Orientierung und konnten nur noch schwer atmen, da die Luft jetzt wirklich knapp wurde. Plötzlich, als wir wieder aus einer Welle auftauchten, befanden wir uns in einer Gruppe von Delphinen, die uns eng umkreisten. Sie drückten sich ganz dicht an uns und nahmen uns in ihre Mitte. Wir konnten sie mit Händen greifen und uns an ihren Flossen festhalten. Sie schoben uns in eine ganz bestimmte Richtung, und wenn wir unsere Kräfte verloren, so tauchten sie unter unsere Körper und trugen uns eine Weile. Wir waren viel zu erschöpft, um uns zu wundern, und nahmen die Hilfe dankbar an. Langsam wurde die See ruhiger, und von Ferne hörten wir das Tuckern eines Bootes. Dann war tatsächlich unser Boot da, und unser Bootsführer warf uns eine Leine zu. Es dauerte unendlich lange, bis wir alle drei an Bord waren, denn wir waren so kraftlos, daß wir die Leine nur mit Mühe halten konnten. Die Delphine blieben immer in unserer Nähe. Als ich als letzter an Bord gezogen worden war, sprangen sie alle in einer geschlossenen Formation aus dem Wasser, so als wollten sie uns zum Abschied winken. Dann waren sie blitzschnell verschwunden. Wir waren viel zu ausgepumpt, um die erstaunten Fragen des Bootsführers zu beantworten, der ungläubig und mit fassungslosem Erstaunen hinter den Delphinen herschaute. Wir hörten von ihm, daß die Wellen an unserem Ankerplatz so hoch gewesen waren, daß die Gefahr zu kentern bestand. Das Boot war ja nur ein schwerfälliger alter Fischerkahn und nicht wendig genug, um den Wellen zu trotzen. So war er aus der Gefahrenzone herausgefahren, um unsere Auftauchzeit abzuwarten. Er hatte in einer ruhigeren Bucht geankert, und dann war zu seinem großen Entsetzen der Motor nicht mehr angesprungen. Er hatte gestartet und gestartet und war fast verzweifelt, denn der Motor hustete und spuckte und ging immer wieder aus. Als er fast aufgeben wollte und es zum letzten Mal versuchte, war der Motor endlich in Gang gekommen, und er konnte um das Kap herumfahren. Dort hatte er zu seiner größten Verwunderung unsere Delphine gesehen, in deren Mitte ab und zu mal die gelben Flaschen aufleuchteten. Er mußte sich die Augen reiben, weil er es nicht glauben konnte, daß wir dort unter den Delphinen waren. Und er hatte einen Freudentanz aufgeführt, als wir mit unserer Eskorte näher kamen und er sah, daß wir heil und unverletzt waren. Die Geschichte machte in der ganzen Stadt die Runde, und viele Menschen wollten sie gar nicht glauben. Aber wir haben sie so erlebt, und das haben wir auch immer wieder voller Dankbarkeit für die Delphine erzählt."

Eine unglaubliche Geschichte, finden auch Laura und Michael. „Delphine sind ganz besondere Tiere", sagt Opa und pafft wieder eine dicke Rauchwolke aus seiner Pfeife. „Und paßt mal auf, die Geschichte geht nämlich noch weiter: Ein paar Tage später kommen wir frühmorgens in die Bucht, in der unser Boot liegt, und wollen wieder zum Tauchen hinausfahren. Da sehen wir schon von weitem eine Gruppe Fischer am Strand aufgeregt mit den Händen fuchteln. Als wir näher kommen, erkennen wir einen großen Delphin, der hier offensichtlich weit oben auf dem Sand gestrandet ist. Er blutet aus einer großen Wunde am Kopf. Aber wir sehen, daß er noch atmet. Von allein kann er nicht mehr in das Wasser zurück. Er ist an Land völlig, hilflos, und durch die Wunde am Kopf hat er viel Blut verloren. Er schaut uns aus seinen kleinen Augen trübe an. ‚Ob das wohl einer unserer Helfer ist?' blitzt es durch meinen Kopf. Jetzt haben wir die Möglichkeit, uns zu bedanken. ‚Los, macht euch schnell fertig', rief ich meinen Freunden zu. ‚Schnell, nehmt Flossen und Maske, Flaschen und Atemgerät', dann bat ich die Fischer mitzuhelfen, den Delphin wieder ins Wasser zu schieben. So wendig auch so ein Delphin im Wasser ist, an Land ist er ein unbeweglicher schwerer Koloß. Wir brauchen all unsere Kräfte, um ihn die 20 Meter zum Meer zu schieben. Hin und wieder stößt er ein klägliches Fiepen aus, das uns zu großer Eile antreibt. Er muß so schnell wie möglich ins Wasser, sonst trocknet er aus und muß sterben. Endlich haben wir es geschafft. Wir drei Taucher machen jetzt dasselbe, was die Delphine vor ein paar Tagen mit uns gemacht haben. Einer schwimmt unter seinem Bauch und trägt ihn, während wir zwei anderen an seiner Seite schwimmen und ihn im Gleichgewicht halten. Zunächst bewegt er sich gar nicht, und wir haben schon Angst, daß unsere Hilfe zu spät kommt. Aber dann, nach langem angstvollem Warten, bläst er wieder einen Strahl aus seinem Atemloch und macht ein paar schwerfällige Bewegungen. Wir schieben ihn mit sanftem Druck zum offenen Meer hin und merken, daß er immer beweglicher wird. Bald brauchen wir ihn nicht mehr zu stützen, denn er macht selbständige Schwimmbewegungen. Plötzlich sehen wir am Horizont eine große Gruppe Delphine, die uns entgegenschwimmt. Wir hören ein lautes, aufgeregtes Fiepen, als sie uns umkreisen. Ein paar springen in die Höhe, als ob sie uns ein Ballett vorführen wollten. Unser verwundeter Delphin kann jetzt selbständig schwimmen. Wir spielen mit den anderen Delphinen, halten uns an ihren Flossen fest und lassen uns ziehen. Nach einer langen Weile nehmen dann die Delphine ihren verletzten Freund in die Mitte und ziehen langsam weiter. Wir schauen ihnen nach und sind sehr glücklich, daß wir diesem Delphin helfen konnten. Nach diesem Erlebnis gingen wir nur noch sehr selten mit Harpunen auf die Jagd. Uns interessierte das Verhalten der Fische viel mehr als früher, und wir verbrachten seitdem viel Zeit unter Wasser, um Fische und Pflanzen zu beobachten und uns an den wunderschönen unterschiedlichen Farben und Formen zu freuen. Und wißt ihr was, für das nächste Wochenende lade ich euch ein, mit mir das neue Meeresaquarium zu besuchen. Es soll so gebaut sein, daß man sich vorkommt wie unter Wasser. Ich bin selber ganz gespannt, wie das wohl sein wird." „Oh ja", rufen Laura und Michael, „das wird sicher eine unglaubliche Geschichte."

Der Junge mit dem schiefen Mund

Für ein Kind, das sich ausgeschlossen fühlt

Laura hat einen Klassenkameraden in der Klasse, der einen
schiefen Mund hat. „Mario hat eine Kiefergaumenspalte",
hat Frau Müller-Hagen erklärt, und sie hatte gesagt, das sei
eine Erbkrankheit, die in manchen Familien weitergegeben
würde. Sie hatte noch hinzugefügt, daß man den Mund operieren könne, wenn Mario älter geworden sei. Alle Kinder
haben das verstanden und finden es auch ganz schrecklich,
aber gleichzeitig müssen sie immer wieder lachen, wenn
sie Mario ansehen, denn Mario sieht wirklich zu komisch
aus mit seinem schiefen Mund. Wie ein Fisch, der nach
Luft schnappt. Wenn er spricht, dann zischen die Worte undeutlich aus seinem verzogenen Mund und kleine Spucke-
tröpfchen spritzen in die Gegend. Zu Beginn des Schuljah-
res hat sich Mario noch Mühe gegeben, mit seinen
Nachbarn rechts und links zu sprechen und zu erklären,
was er gesagt hat, wenn sie es nicht verstanden hatten. Seine Nachbarn wichen aber unter dem Spuckeregen immer
zurück und mochten ihm schließlich nicht mehr zuhören.
Und zu irgendeinem Zeitpunkt hat Mario dann aufgehört
zu sprechen und sitzt nun nur noch stumm wie ein Fisch
auf seinem Stuhl am Fenster. Keiner weiß, was er denkt,
und mit der Zeit interessiert es auch niemanden mehr. Irgendwie ist er eben da und doch nicht richtig da. Mario
starrt häufig während des Unterrichts bewegungslos aus
dem Fenster, so daß man den Eindruck hat, er schliefe. In
der Pause lehnt er immer allein in einer Schulhofecke und
schaut den anderen beim Spielen zu. Es ist Laura manchmal schon sehr unbehaglich zumute, wenn sie ihn zufällig

einmal anschaut und dabei seinen traurigen Blick auffängt. Aber das vergißt sie sofort wieder, so wie es eben alle in der Klasse vergessen.

Laura sitzt im Bus und will ihre Cousine besuchen, die Busfahrt dauert mindestens eine Dreiviertelstunde, so daß sie in aller Ruhe aus dem Fenster schauen kann. Heute ist ein wunderschöner warmer Sommertag. Der Bus fährt durch die ganze Stadt. Er fährt an einem Kanal vorbei, auf dem ein Ausflugsboot schwimmt, dann durch hitzeflirrende Geschäftsstraßen, die Laura noch nie gesehen hat, und schließlich noch durch einen riesigen Park, in dem viele Menschen auf Bänken und in Liegestühlen die Sonne genießen. Laura freut sich schon auf den Garten von ihrer Cousine, die hat bestimmt ihr kleines Planschbecken aufgeblasen, so daß sie beide ordentlich planschen können. Plötzlich hört sie eine Stimme vom Vordersitz sagen: „Na, Mario, freust du dich schon aufs Schwimmen?" „Na klar", hört sie einen Jungen antworten mit einer etwas undeutlichen Aussprache, „dann denke ich wenigstens nicht mehr an die blöde Schule." Laura reckt sich neugierig, um über die Lehne schauen zu können. Vor ihr sitzen eine dunkelhaarige Frau und ein Junge, der sie an jemanden erinnert, den sie kennt. Das Gesicht der Frau kann sie deutlich erkennen. Die Frau hat ein klares, hübsches Gesicht mit schönen braunen Augen. Am Mund hat sie eine ganz zarte Narbe, die ihr ein schalkhaftes Lächeln verleiht. Der Junge, Laura schaut genauer hin, ja das könnte Mario sein, der stumme Fisch aus ihrer Klasse, der sonst immer so finster aussieht. Aber dieser Mario hier sieht ganz anders aus. Er lacht fröhlich mit einem offenen Gesicht, und sein Mund wirkt auch nicht mehr so schief, obwohl man die dicke, aufgeworfene Oberlippe gut erkennen kann. Laura zieht ihren Kopf schnell wieder zurück. Sie will nicht beim Lauschen ertappt werden. Es wäre ihr schrecklich peinlich, wenn Mario sie erkennen würde. „Ob die Frau wohl seine Mutter ist", überlegt Laura. Das könnte wohl sein, die beiden sehen sich sehr ähnlich mit ihren dunklen Haaren und den braunen Augen. Die Frau schaut den Jungen lachend an und sagt: „Mario, ich bin ja so stolz auf dich, daß du von der Schwimm-Meisterschaft von deinem Verein erster geworden bist. Du hast aber auch viel dafür trainiert." „Ja, antwortet Mario, ich habe wahnsinnig viel dafür getan. Nächstes Jahr will ich die ganze Meisterschaft gewinnen. Mein Trainer hat gesagt, daß ich das schaffen kann." „Mmh", denkt Laura, „wer hätte das gedacht, daß Mario ein so guter Schwimmer ist." Und außerdem wundert sie sich, daß Mario so gut zu verstehen ist. Der spricht überhaupt nicht mehr so undeutlich, wie sie es in Erinnerung hat. Marios Mutter fährt fort: „Gut, daß die Meisterschaft noch vor deiner Operation stattgefunden hat, denn hinterher mußt du mit dem Schwimmen aussetzen, bis alles gut verheilt ist." „Ja, das ist wahr", seufzt Mario, „das wird eine langweilige Zeit, wenn ich nicht zum Training kann. Ich werde meine Freunde dort sehr vermissen." „Ach", sagt die Mutter, „die werden dich bestimmt alle im Krankenhaus besuchen, da bin ich ganz sicher." Lauras Ohren fangen vor Aufregung an zu glühen. Was hat sie da eben gehört, Mario hat Freunde? Das hätte sie nie gedacht. Und er wird operiert. Ja, sie erinnert sich, daß Frau Müller-Hagen ihnen erzählt hat, daß man die Lippe operieren kann. Wie hieß die Krankheit noch? Irgendwie war das ein sehr komplizierter Name. Laura linst noch einmal vorsichtig über die Lehne. „Wenn bloß die Schule nicht wäre", sagt Mario auf einmal, und sein Gesicht verändert sich in Sekundenschnelle. Er zieht seine Augenbrauen finster zusammen und macht eine mürrische Miene. „Ich kann die da alle nicht leiden. Am liebsten würde ich in eine andere Schule gehen." „So sieht er aus, wie ich ihn kenne", denkt Laura. In dem Moment hebt er seinen Kopf und schaut in Lauras Richtung. Blitzschnell zieht Laura ihren Kopf zurück. Hoffentlich hat er sie nicht gesehen. Sie macht sich ganz klein auf ihrem Sitz und duckt sich in die Ecke. Dann hört sie wieder die Stimme von Marios Mutter sagen: „Du könntest dir ruhig ein wenig Mühe geben und mit deinen Klassenkameraden sprechen, dann lernst du sie besser kennen. Vielleicht gibt es ja doch ein paar nette Kinder darunter. Frau Müller-Hagen hat mir gesagt, daß du stumm wie ein Fisch bist und dich nie am Gespräch beteiligst." „Natürlich spreche ich nicht mit denen", schnaubt Mario, „die hören mir ja überhaupt nicht zu. Außerdem habe ich immer das Gefühl, daß sie mich wegen meiner Lippe nicht leiden können, und dann lachen sie hinter meinem Rücken auch oft über mich." Laura wird glühend rot bei diesen Worten, denn sie fühlt sich ertappt. Mario hat natürlich recht mit seiner Vermutung. Laura und ihre Freundinnen haben häufig über ihn gelacht und ihm manchmal ulkige Namen gegeben, so wie „Karpfenmäulchen" oder „Schieflippe." Sie haben das natürlich heimlich getan, aber er hat das wohl doch mitbekommen. Laura macht sich jetzt noch viel kleiner. Sie schämt sich schrecklich und hofft nur, daß Mario und seine Mutter vor ihr aussteigen, damit Mario nicht merkt, daß sie hinter ihm gesessen und alles mitgehört hat. Der Bus hält, und die Stimme des Fahrers ruft: „Springerallee." Oh je, sie muß hier aussteigen. Fast hätte sie die Haltestelle verpaßt. Laura springt auf und stürzt zur Tür, ohne sich noch einmal umzusehen. Hinter ihr steigt noch einer aus, und dann hört sie plötzlich Mario sagen: „Hallo, Laura. Was machst du denn hier?" Wieder steigt Laura die Röte ins Gesicht. Aber tapfer hebt sie ihr Gesicht. Da steht Mario hinter ihr, er lacht sie an und fragt: „Wohin willst du?" „Zu meiner Cousine", stottert Laura, „die wohnt dort hinten in dem kleinen weißen Haus." „Dann können wir zusammen gehen", sagt Mario. „Ich muß auch dort lang zur Sprachtherapie. Wegen meiner Lippe", fügt er erklärend hinzu. Laura nickt, und so gehen beide zusammen. Mario redet die ganze Zeit über alles mögliche, und Laura ist stumm wie ein Fisch vor Erstaunen über den veränderten Mario.

Laura ist den ganzen Nachmittag über sehr schweigsam,

denn sie kann es immer noch nicht fassen, was sie da im Bus für Neuigkeiten über Mario gehört hatte. Das fällt schließlich auch ihrer Cousine auf. Die fragt sie nämlich am Abend völlig erstaunt, ob sie einen Hitzschlag hätte, weil sie kein Wort gesagt hätte.

Als Laura am nächsten Tag die Klasse betritt, sitzt Mario schon wie gewohnt mit finsterer Miene auf seinem Stuhl am Fenster und schaut gar nicht zu ihr her, obwohl sie „Hallo, Mario!" ruft. Laura grübelt während der ganzen ersten Stunde nach, wie sie es wohl anstellen könnte, mit ihm zu sprechen. Immer wieder schaut sie zu ihm hin, um vielleicht einen Blick von ihm aufzufangen. Er starrt unentwegt regungslos aus dem Fenster. Laura ist so tief in ihre Gedanken versunken, daß sie gar nicht merkt, daß Frau Müller-Hagen mit ihr spricht. „Laura, du träumst!" hört sie plötzlich Frau Müller-Hagen mit strenger Stimme sagen, und sie hebt erschrocken den Kopf. Alle drehen sich nach ihr um, und Laura wird es ganz heiß vor Verlegenheit. „Entschuldigung", murmelt sie leise und stottert, „ich weiß nicht, ich weiß nicht." Dann bleibt sie mitten im Satz hilflos stecken. „Du bist unkonzentriert, Laura", sagt Frau Müller-Hagen, „denk daran, wir schreiben morgen eine Rechenarbeit." Laura senkt beschämt den Kopf, sieht aber gerade noch aus dem Augenwinkel, daß Mario sie aus seiner Ecke heraus ermutigend anlächelt. Sie lächelt schnell zurück. Vielleicht wird es mit Mario doch leichter, als sie dachte. Am Ende der Stunde geht sie einfach auf Mario zu und sagt: „Hallo Mario, was hast du denn gestern in der Sprachtherapie gemacht, das interessiert mich sehr." „Das interessiert dich?" Überrascht schaut Mario auf. „Ach", sagt er, „ich mußte immer bestimmte Laute üben, damit man mich besser verstehen kann." „Ja", nickt Laura, „du sprichst auch jetzt viel besser als früher." „Findest du?" fragt Mario, und seine Augen fangen an zu strahlen. „Ja", bekräftigt Laura energisch, „es ist viel besser als früher." Lauras Freundinnen Ann-Katrin und Julia sehen voller Verwunderung Laura und Mario miteinander sprechen und fangen an zu kichern. Laura schaut sie drohend an. „Ich habe Mario gestern getroffen, als er zur Sprachtherapie ging, und wir haben lange miteinander gesprochen", sagt sie. „Du hast mit dem gesprochen, mit diesem stummen Fisch?" Ann-Katrin schüttelt verwundert den Kopf. „Sag nicht immer stummer Fisch", schimpft Laura. „Mario ist kein stummer Fisch, er kann sehr gut sprechen, und außerdem ist er erster bei einer Schwimm-Meisterschaft geworden. Na, was sagt ihr jetzt?" Ann-Katrin und Julia staunen. Aber auch Mario ist verwundert. „Woher weißt du denn, daß ich die Schwimm-Meisterschaft gewonnen habe? Niemand weiß doch hier in der Klasse davon." Eine leichte Röte steigt Laura ins Gesicht, und sie sagt lässig: „Ach, das habe ich gestern zufällig mitgekriegt, als du dich mit deiner Mutter im Bus unterhalten hast." Mario lacht: „Ja, toll, nicht? Darauf bin ich auch sehr stolz. Nächstes Jahr will ich alle Wettbewerbe gewinnen. Dafür trainiere ich." „Klasse", rufen die drei Freundinnen, „dann kommen wir als Zuschauerinnen und feuern dich an, dann klappt es bestimmt."

Von da an war Mario kein stummer Fisch mehr, im Gegenteil: Frau Müller-Hagen mußte ihn häufig ermahnen, nicht zu schwatzen. Er fand in der Klasse eine Menge Freunde, mit denen er viel unternahm, und als er wegen der Operation an seiner Kiefer-Gaumenspalte drei Wochen im Krankenhaus bleiben mußte, bekam er jeden Tag Besuch von seinen Klassenkameraden. Er behielt eine kleine Narbe an seiner Oberlippe, die ihn und seine Freunde jedoch überhaupt nicht störte. Ganz im Gegenteil, er sah sehr witzig und ganz besonders damit aus.

Die Sternenbande

Für ein Kind, das sich manchmal vor anderen fürchtet

Laura, Ann-Katrin und Julia kommen kichernd und schwatzend aus dem großen Schultor. Frau Müller-Hagen ist krank geworden, so daß sie heute schon ein wenig früher nach Hause gehen dürfen. Sie trödeln herum und überlegen, was sie mit der freien Stunde anfangen können, bevor sie nach Hause gehen. Laura schlägt „Enten füttern am Kanal" vor, und die beiden anderen stimmen begeistert zu. Jede von ihnen hat ja noch ein Pausenbrot dabei, das sie nicht aufgegessen haben. Da haben sie genug Futter für die Enten. Als sie um die Ecke biegen, sehen sie Till, der sich an einem Zaun entlangdrückt und wachsam seine Augen hin- und herwandern läßt. „Was ist denn mit dem los", wundert sich Laura, „er sieht ja aus, als ob er Angst hat. Komisch." Till ist der frechste Junge aus ihrer Klasse und ein richtiger Prahlhans. Er bläst sich immer auf wie ein Truthahn, aber heute wirkt er eher wie ein Angsthase. Till blickt auf einmal alarmiert zur anderen Straßenseite herüber. Was gibt es denn da zu sehen? Die drei Mädchen schauen auch hinüber. Da sehen sie einen Jungen auf Rollerblades in einem Affentempo heransausen. Er will mit einem großen Schwung die Straße überqueren. Till sieht sich aufgeregt um, erkennt die drei näher kommenden Mädchen und läuft ihnen schnell entgegen. „Na, ihr drei", sagt er, und man merkt ihm seine Erleichterung an. „Ich komme mit." Und tut so, als ob das ganz selbstverständlich sei. Die drei Mädchen sind sehr erstaunt. Till, der Mädchen so blöd findet, spricht ganz normal mit ihnen, und dann will er auch noch mit ihnen zusammen gehen? Das ist ja sehr merkwürdig. Der Junge auf den Rollerblades hat inzwischen die Straße überquert und fegt, ohne anzuhalten, haarscharf an ihnen vorbei. Dann verschwindet er hinter der nächsten Ecke. „Wer war das denn?" fragt Laura Till, der zwischen ihnen geht. „Och, och, weiß nicht", murmelt Till, „irgendeiner aus einer anderen Klasse." „Wollte der was von dir?" will Laura weiter wissen. „Nö", brummelt Till, „glaube nicht. Ich gehe nur ein Stück mit euch mit. Wo geht ihr denn hin?" „Enten füttern am Kanal", antwortet Laura. „Au ja", ruft Till, „ich habe noch ein Schulbrot im Ranzen, das kann ich den Enten geben." So füttern sie alle vier einträchtig die Enten, die voller Gier laut schnatternd die leckeren Bröckchen verschlingen, die ihnen die Kinder zuwerfen. Dann verabschieden sie sich voneinander, um zum Essen nach Hause zu gehen, denn jeder muß in eine andere Richtung. Nur Till wohnt nicht weit entfernt von Laura in derselben Straße und geht mit ihr zusammen. „Das hätte er früher nicht gemacht", denkt Laura, aber sie sagt kein Wort darüber. Vor ihrer Haustür ruft sie „Tschüß" und sieht erstaunt, daß Till die letzten Meter zu seinem Haus in einem schnellen Spurt hinter sich bringt. Im selben Augenblick rast wieder der Junge von vorhin auf seinen Rollerblades vorbei und streckt seine Hand nach Till aus. Der witscht aber schnell ins Haus hinein, so daß der Junge ihn nicht packen kann.

Am nächsten Mittag sagt Till schon in der Pause zu Laura: „Ich gehe nachher mit dir zusammen nach Hause", und schielt dabei ängstlich zu der Stelle, an der zwei größere Jungen am Zaun lehnen und grinsend zu ihnen herüberschauen. Als die Klingel ertönt, schlendern die beiden dicht an ihnen vorbei und zischen drohend zu Till herüber: „Warte nur, dich kriegen wir schon." Oh je, Laura ist sehr erschrocken und sieht: Till geht es genauso. Nach der letzten Stunde wartet Till schon an der Klassentür auf Laura. Laura ist es mulmig zumute. Sie denkt an die drohenden Blicke der beiden großen Jungen und fragt Till: „Was wollten die beiden von dir?" Er will sich wieder herausreden, aber Laura läßt nicht locker, bis sie die ganze Geschichte von ihm erzählt bekommt. Die beiden Großen sind in der vierten Klasse und lauern den Kleinen aus der ersten Klasse auf. Sie drohen, sie zusammenzuschlagen, wenn sie ihnen nicht ihr ganzes Taschengeld aushändigen, und sie haben den Kleinen verboten, jemals mit irgendeinem darüber zu sprechen, sonst würde nämlich alles noch viel schlimmer. Tills Stimme klingt ganz zittrig, als er Laura die ganze Geschichte berichtet. Alle Freunde von Till fürchten sich vor diesen beiden und geben ihnen das Geld, ohne sich zu wehren. Nur Till rückt sein Taschengeld nicht heraus, weil er auf ein Mountainbike spart. Jetzt hat er Angst, die beiden würden ihm tatsächlich etwas antun. Jedenfalls verfolgen sie ihn auf Schritt und Tritt. Er verläßt das Haus nur noch, um zur Schule zu gehen. Seine Mutter glaubt schon, er sei krank, denn so zahm und kleinlaut hat sie ihren Sohn noch nie gesehen. Laura hat ganz entsetzt zugehört. „Das klingt ja übel. Was kann man denn bloß gegen die machen?" „Nichts", sagt Till, „keiner hat den Mut, sich zu wehren." Damit gibt Laura sich nicht zufrieden. Man muß doch etwas machen können. Ihre Gedanken wirbeln durch ihren Kopf und bringen sie ganz durcheinander. In diesem Moment fällt ihr wieder die Entspannungsformel ein, die sie häufig benutzt, wenn ihr nichts Rechtes einfallen will. Also: Tief durchatmen! Abstand nehmen! Ruhig werden! Langsam werden ihre Gedanken klar. „Wir müssen das einem Erwachsenen erzählen", sagt sie schließlich. „Nur ein Erwachsener kann uns helfen." „Nein", stößt Till entsetzt hervor, „die beiden haben gedroht, sie würden meinem Kater etwas antun. Ich glaube bestimmt, daß sie das auch wirklich tun." „Nein", schüttelt Laura den Kopf, „das können wir dann wirklich nicht machen", und grübelt weiter. Auf einmal erhellt sich ihre Miene, und sie sagt ganz aufgeregt: „Ich hab's, ich hab's! Wir erzählen das Michael, Rikki und Gunnar, die wissen bestimmt Rat, und die verraten dich auch nicht." Sie warten auf dem Schulhof hinter einer Hecke auf Lauras Bruder und seine Freunde. Die haben zwei Stunden später Schulschluß als die aus der ersten Klasse. Dann erzählen sie den dreien die ganze schreckliche Geschichte. „So", sagt Michael mit finsterer Miene, „die erpressen euch also. Die kennen wir gut, diese feigen Lümmel. Vor uns haben sie Respekt und lassen uns in Ruhe. Die sind nämlich gar nicht so stark, wie sie tun. Wir beschützen euch, nicht wahr?" Und damit schaut er fragend seine Freunde an. „Na klar!" rufen Gunnar und Rikki. „Die kriegen wir schon klein, keine Bange. Jetzt begleiten wir euch erst einmal nach Hause, und dann überlegen wir, was wir machen." Sie nehmen Laura und Till in ihre Mitte und marschieren los. Ganz hinten am Ende der Straße sieht man einen Jungen auf Rollerblades, aber der dreht sofort ab, als er die fünf im Gänsemarsch ankommen sieht.

Am Nachmittag treffen sich die drei Freunde, um eine Lösung zu finden. Es ist gar nicht so einfach, die Kleinen zu beschützen, denn sie können ja nicht den ganzen Tag mit ihnen zusammen sein. Rikki hat aber eine tolle Idee. „Wir gründen eine Bande so wie bei Robin Hood, und dann sind wir in der Übermacht." Die anderen beiden sind total begeistert. Sie sausen alle drei los, um ihre anderen Freunde und Klassenkameraden zusammenzutrommeln und ihnen von Rikkis Idee zu erzählen. Das gelingt ihnen gut! Ungefähr zwanzig Jungen und Mädchen treffen sich um fünf Uhr nachmittags am Birkenwäldchen, um sich anzuhören, was Michael zu sagen hat. Alle sind ganz begeistert von der Vorstellung, den Kleinen gegen die beiden bösen Großen zu helfen. Sie stimmen ab und beschließen einstimmig, eine Schutztruppe zu gründen. Der Name soll „Sternenbande" sein, und alle Mitglieder sollen einen winzigen silbernen Stern tragen. Außerdem gibt's natürlich ein Losungswort, das jeden Tag geändert wird, damit sich die Mitglieder untereinander erkennen können. Jeweils vier von der Sternenbande sollen zusammenarbeiten und eine kleine Schutztruppe bilden. Bei Gefahr gibt es Trillerpfeifen, mit denen sie dann alle anderen herbeipfeifen können, wenn es nötig ist. Michael erklärt Laura, wie sich Till und seine Freunde morgen verhalten sollen. Sie sollen nach Schulschluß abwarten, bis eine Trillerpfeife ertönt, und dann sollen sie einzeln in großen Abständen von der Schule aus nach Hause gehen. Am nächsten Tag herrscht in den dritten Klassen der Schule große Aufregung. Die Lehrer haben große Mühe mit dem Unterricht. Es geht ein Raunen und Wispern, Tuscheln und Kichern durch die Klassen. Die Lehrer sind ganz verzweifelt. Sie atmen genau wie die Schüler auf, als endlich zum Schulschluß die Glocke ertönt. Im Lehrerzimmer grübeln alle Lehrer über den Grund der Unruhe nach. Sie kommen zu dem Schluß, die allgemeine Spannung und Unruhe sei wohl auf den Vollmond zurückzuführen. Damit geben sie sich zufrieden, bis auf Frau Müller-Hagen. Die hatte nämlich bei vielen ihrer Schüler kleine silberne Stern-Ansteckenadeln gesehen, und sie machte sich so ihre eigenen Gedanken. Wenn die Lehrer gewußt hätten, was die Kinder im Schilde führten, hätten sie sich sehr gewundert und wären nicht so seelenruhig nach Hause gegangen.

Viele Trüppchen von jeweils vier Kindern verstecken sich im Umkreis der Schule hinter Büschen und Hecken, hinter Mülltonnen und in Hauseingängen und warten gespannt auf die Trillerpfeife. Jetzt ertönt ein schrilles „Tirili", und als erster verläßt Till allein den Schulhof und trödelt, unendlich langsam, die Straße entlang. Er schaut nicht nach links und nicht nach rechts, nur starr geradeaus, wie es ihm Laura gesagt hatte. Er ist schrecklich aufgeregt und neugierig, aber er hält sich an die Anweisungen. Plötzlich löst sich aus dem Schatten eines großen Baumes ein Junge auf Rollerblades, holt ihn ein und umkreist ihn mit fuchtelnden Armen. Er packt Till am Kragen seiner Jacke, schüttelt ihn und schreit: „Jetzt hab' ich dich, jetzt hab' ich dich! Jetzt bist du dran!" Ein anderer Junge kommt auf seinen Rollerblades um die Ecke gesaust und rast auf die beiden zu. Till bekommt Angst, denn er sieht: das ist der Freund seines Angreifers.

Furchtsam weicht er zurück und hält sich die Hände vor das Gesicht. „Tut mir nichts!" schreit er. „Hilfe, Hilfe!" Da stürzen auf einmal die Mitglieder der Sternenbande aus ihren Verstecken mit drohend erhobenen Fäusten und mit heftigem Trillerpfeifengetöse und umringen die drei. Till nutzt die Aufregung und schleicht sich aus der Mitte zwischen seinen Rettern durch in die hinterste Reihe. Dort reckt er sich auf die Fußspitzen, um zu sehen, wie es weitergeht. Die beiden Angreifer stehen in der Mitte und schauen sich verblüfft an. Die Trillerpfeifen machen einen höllischen Lärm. Die beiden halten sich die Ohren zu. Ihr Grinsen verschwindet langsam aus ihren Gesichtern, und man sieht in ihren Augen die Angst aufsteigen. Immer mehr Kinder kommen angerannt. Der Lärm wird unerträglich. Panisch schauen sich die beiden nach einer Fluchtmöglichkeit um, aber da ist nichts zu machen. Sie sind gefangen in dem Kreis und können sich nicht mehr bewegen, so eng sind sie eingekesselt. Mit einem Mal hört der Lärm auf. Der Kreis öffnet sich, und in der Lücke erscheint Rikki. Er sieht furchterregend aus. Er hat sein Gesicht bunt wie ein Indianer angemalt mit schwarzen Blitzen und grellen Dreiecken. Seine Haare stehen wie feuerrote Pfeile von seinem Kopf ab, und um den Hals trägt er eine Fahrradkette. Die beiden in der Mitte sehen jetzt wirklich nicht mehr gefährlich aus, sie sind blaß um die Nase und scheinen immer kleiner zu werden. „Na, ihr Feiglinge. Wie geht es euch denn so?" fragt Rikki. „Macht euch wohl Spaß, die Kleinen zu erschrecken, was? Aber jetzt sieht die Sache wohl ganz anders aus." Und dabei faßt er einen der beiden am Kragen und schüttelt ihn ein bißchen hin und her. Der weiß sich nicht zu helfen, sondern starrt Rikki nur entsetzt in die Augen. „Und du", wendet sich Rikki an den anderen, „dich kenn ich schon. Du bist doch der, der uns immer mal wieder die Ventile aus unseren Reifen ausbaut, nicht wahr?" Der weicht zurück, öffnet seinen Mund, bekommt aber vor Angst keinen Ton heraus. Schließlich flüstert er: „Ich habe das nur einmal

gemacht, ich mache das nicht wieder, großes Ehrenwort!"
„Großes Ehrenwort", verhöhnt ihn Rikki, „das sollen wir ausgerechnet dir glauben?" „Ja", schreit der, „Klaus hat mich ja nur angestiftet. Ich habe mit dem allen gar nichts zu tun", und dabei deutet er mit zitterndem Finger auf seinen Freund. Der guckt ihn nur verächtlich an und sagt zu Rikki: „Ich habe doch keine Angst vor dir. Du bist nichts als ein aufgeblasener Frosch." „So", grinst Rikki, „dann will der aufgeblasene Frosch dir mal etwas zeigen, der hat nämlich einen Karategürtel." Und dann macht er ein paar tänzelnde Schritte auf ihn zu. Alle lachen, als Klaus zurückweicht, stolpert und auf sein Hinterteil fällt. „Da sitzt du gut", sagt Rikki, „perfekt. Jetzt zieh mal schön deine Rollerblades aus, und dann kannst du auf Strümpfen nach Hause gehen. Und du auch", wendet er sich an den anderen. Die beiden hocken nun da unten auf der Erde und ziehen sich kleinlaut ihre Rollerblades aus. „Die bekommt ihr erst in einer Woche wieder, und auch nur dann, wenn ihr versprecht, niemals mehr die Kleinen so zu quälen. Habt ihr das verstanden?" Klaus und sein Freund nicken wortlos, dann stehen sie auf und schleichen sich unter dem Hohngelächter der Sternenbande auf Strümpfen nach Hause. „So", sagt Rikki, „ich glaube, die haben wir prima erschreckt. Die machen das nicht so bald wieder." Alle stimmen ihm zu und sind begeistert über den Erfolg ihrer Sternenbande. Es ist ein tolles Gefühl, zusammenzuhalten und ein gemeinsames Ziel zu haben.

Klaus und sein Freund haben tatsächlich aus ihrer eigenen Angst etwas gelernt und versprechen Rikki und seinen Freunden, sich künftig mehr in die Gemeinschaft einzuordnen. Und so bekommen sie auch nach Ablauf einer Woche ihre Rollerblades zurück.

Zattapatta, die Zauberpuppe

Für ein Kind, das manchmal böse Träume hat

Laura hat Angst vorm Einschlafen. Sie trödelt abends nach dem Waschen noch lange herum, bis Mama ägerlich wird und sie schließlich ins Bett schickt. „Ich lese dir nicht mehr vor, wenn du jetzt nicht endlich zur Ruhe kommst", droht sie dann und rollt schrecklich mit den Augen. Laura muß dann immer ein wenig grinsen, denn sie weiß sehr wohl, daß das nur eine leere Drohung ist. Mama liest selbst viel zu gern vor und würde sich damit nur selber bestrafen. Aber auch die Geschichte am Abend kann Laura die Angst vor dem Einschlafen nicht nehmen. Matt liegt sie im Kissen und wünscht sich, Mamas Geschichte würde niemals enden. Und wenn Mama Laura nach dem Vorlesen einen dikken Kuß gegeben und das Zimmer verlassen hat, wälzt sich Laura in ihrem Bett hin und her. Dann kommt wieder diese blöde Angst. Wovor sie eigentlich Angst hat, weiß sie selbst nicht so richtig. Vor einer Woche hat das angefangen. Laura war mitten in der Nacht plötzlich mit schrecklichem Herzklopfen aufgewacht. Sie wußte sofort, wo sie war, denn sie ließ ja nachts immer ihre Heinzelmannlampe leuchten. Ihr war, als läge auf ihrer Brust etwas ganz Schweres, wie ein riesiger Stein, und sie hatte richtige Schweißtropfen auf der Stirn. In der Wohnung war es heimelig ruhig, und Laura wußte, alle waren zu Hause. Sie erinnerte sich an einen bösen Traum, dann war sie mit einem Ruck aufgewacht. Einzelheiten des Traumes hatte sie vergessen. Nur diese eine Sache war noch in ihrem Gedächtnis: sie lief und lief und lief und kam nicht von der Stelle. Nach langer, langer Zeit war sie wieder eingeschlafen, und am nächsten Morgen war der Spuk vorbei. In der folgenden Nacht passierte wieder dasselbe. Wieder wachte sie mit jagendem Herzen und schweißnassem Gesicht auf, und wieder spürte sie das schreckliche Gewicht auf ihrer Brust, das sie fast erdrückte. So ging das jetzt seit einer Woche jede Nacht. Kein Wunder, daß sie am liebsten die ganze Nacht aufgeblieben wäre. Morgens saß sie gähnend am Frühstückstisch und konnte sich kaum aufraffen, in die Schule zu gehen. In der Schule war sie so müde, daß sie manchmal fast eingeschlafen wäre. Laura mochte das keinem erzählen, weil sie sich albern vorkam. Es gab ja auch nichts Richtiges zu erzählen. Sie hatte eben nur schlecht geträumt. Sie wußte ja noch nicht einmal, was sie geträumt hatte. Das war ja kein Grund, eine so große Angst vor der Nacht zu haben. Mama hatte schon bald bemerkt, daß Laura bedrückt war, und gefragt, ob sie sich nicht wohl fühle. Aber Laura hatte den Kopf geschüttelt und über etwas anderes gesprochen, Mama hatte auch nicht weiter gebohrt.

Heute abend war Laura so müde, daß sie schon während des Vorlesens eingeschlafen war. Plötzlich wacht sie wieder mit großem Druck auf der Brust auf und fährt mit einem Ruck in die Höhe. Ihr Herz klopft wie rasend, und ihre Haare kleben schweißnaß an der Stirn. Sie zieht ihre Beine an und schlingt ihre Arme um ihre Knie. Sie zittert, ihre Zähne klappern. Ihr ist übel, und sie fühlt sich so schrecklich allein. Leise fängt sie an zu weinen. Dann laufen ihr die Tränen wie Sturzbäche über das Gesicht. Plötzlich geht das Licht an und Papa steht vor ihrem Bett. „Was ist denn los, Kätzchen?" fragt er und nimmt sie ganz fest in seine Arme. „Ich weiß nicht, ich weiß nicht!" schluchzt Laura laut. „Ich habe nur schlecht geträumt." Papa setzt sich auf ihr Bett und zieht sie dicht an sich. „Du klapperst ja mit den Zähnen", sagt er erschrocken und wickelt sie in ihre warme Bettdecke. „Böse Träume sind ganz schlimm", fährt er fort. „Was war das denn für ein Traum?" „Ich kann mich nicht mehr erinnern", schluchzt Laura, „aber es war ganz schrecklich. Ich hatte solche Angst." Papa nickt: „Das kenne ich gut, solche Träume hatte ich auch oft als kleiner Junge, und manchmal habe ich sie auch heute noch." „Ach", sagt Laura verwundert und hört mit dem Weinen auf. „Große haben auch solche Träume?" „Natürlich", sagt Papa, „Angstträume kennt jeder Mensch." Diese Worte trösten Laura ein wenig, also ist sie gar nicht so albern, wie sie gedacht hatte. Eifrig fragt sie: „Und was kann man dagegen tun?" Papa wiegt nachdenklich seinen Kopf hin und her. „Na ja, jeder hat wahrscheinlich seine eigene Art, mit solchen Träumen fertig zu werden. Meistens verschwinden sie von selbst wieder. Die Erfahrung habe ich jedenfalls immer wieder gemacht. Aber als kleiner Junge, da habe ich eines Morgens nach so einem Alptraum ganz laut gesagt: ‚Das ist ja nur ein Traum, nicht die Wirklichkeit!' Und diesen Satz habe ich immer und immer vor mich hingesagt, den ganzen Tag über. Abends vor dem Einschlafen habe ich den Satz auch immer wieder laut gesagt, bis ich eingeschlafen bin. In der Nacht bin ich davon aufgewacht, daß ich laut gesprochen habe: ‚Das ist ja nur ein Traum!' Erstaunlicherweise bin ich dann wieder ruhig eingeschlafen. Mir hat das damals sehr geholfen. Die Träume waren nicht mehr so schlimm und hörten bald auf." Laura wiederholte langsam: „Das ist ja nur ein Traum! Ich probier' das mal, vielleicht hilft mir das ja auch." Dann gähnt sie furchtbar und spürt auf einmal eine riesengroße Müdigkeit. Sie kuschelt sich in ihrem Bett zusammen und ist schwupps wieder eingeschlafen.

Am nächsten Tag konnte man Laura, wo immer sie ging und stand, ständig vor sich hin murmeln hören. Ihre Freundinnen guckten sie verwundert an und tippten sich an die Stirn. „Sie hat eine Meise", kicherten sie spöttisch, aber Laura tat so, als ob sie den Spott nicht hörte. „Es ist doch nur ein Traum! Es ist doch nur ein Traum!" murmelte sie beschwörend vor sich hin. Abends, vor dem Einschlafen, kam Papa noch einmal zu ihr ans Bett und lächelte sie verschwörerisch an: „Wie ist es", fragte er gespannt, und Laura antwortete fest: „Es ist doch nur ein Traum!" Und dann lachten sie beide. Papa legte ihr ein Päckchen auf die Bettdecke und sagte geheimnisvoll: „Ich habe dir aus Mexiko etwas mitgebracht. Eigentlich sollte das eine Überraschung für deinen Geburtstag sein, aber nun sollst du es heute schon haben." Neugierig wickelte Laura das Geschenk aus. Heraus kam eine handgenähte Stoffpuppe in einem dunkelroten Kleid mit einem schwarzen Gesicht und schwarzen glänzenden Augen. Die Haare bestanden aus schwarzen Wollfäden. Laura war ein wenig enttäuscht. Sie hatte etwas Schöneres erwartet. Papa nahm die Puppe, zog ihr das Kleid über den Kopf, und auf einmal hatte die Puppe gelbe Wollhaare und blaue Augen und trug ein hellgelbes, seidenes Kleid. Schön war sie allerdings immer noch nicht. „Na, was sagst du dazu?" fragte Papa erwartungsvoll und schaute Laura an. Laura wußte nicht, was sie sagen sollte und machte ein verdattertes Gesicht. „Ach ja", rief Papa und schlug sich mit der Hand an die Stirn, „du weißt ja gar nicht, was es mit dieser Puppe auf sich hat." Er nahm die Puppe auf seine Hand, ließ sie eine Verbeugung machen und sagte mit verstellter Stimme: „Guten Tag, Laura. Ich bin die Zauberpuppe Zattapatta. Ich bin mal hell, mal dunkel, mal lustig, mal ernst, mal wie die Sonne, mal wie der Mond. Und ich helfe mit meinen Zauberkräften allen Kindern in der Welt." Ui, Laura wurde ganz aufgeregt. Das hörte sich ja gut an. Papa fuhr mit seiner normalen Stimme fort: „Die Puppe habe ich von einer alten Frau aus den Bergen von Mexiko. Die alte Frau war dort so etwas wie eine Hexe oder eine weise Frau. Alle Menschen mit Kummer und Schwierigkeiten gehen zu ihr, und sie hilft ihnen mit Zaubersprüchen und Zaubertränken. Die alte Frau näht Zauberpuppen, gibt ihnen einen geheimnisvollen Namen und näht etwas von ihrer Zauberkraft hinein. Dann verschenkt sie sie an die Kinder, damit die immer einen guten Geist um sich haben. Da Kinder so viele verschiedene Nöte haben, gibt sie jeder Puppe jeweils eine helle und eine dunkle Seite, damit sie auch richtig gut zaubern kann. Als die alte Frau hörte", fährt Papa fort, „daß ich im fernen Deutschland ein kleines Mädchen habe, hat sie mir die Puppe mitgegeben, ein paar Worte gemurmelt und mit einem tiefen Lachen aus ihrem zahnlosen Mund gesagt: ‚Ich schenke dir meine Zattapatta für dein kleines Mädchen, denn auch in Deutschland brauchen Kinder einen Zauber, um mit dem Leben fertig zu werden.' Ja, und hier ist sie nun." Laura hatte atemlos vor Staunen zugehört und die Puppe voll Verwunderung betastet und gewendet und gedreht. Manchmal schien es ihr, als zwinkere Zattapatta ihr zu. Laura wurde es ganz warm ums Herz. Sie nahm die kleine Puppe in ihre Hände und sagte: „Ich bin Laura, und ich freue mich, daß du bei mir bist!" „So", sagte Papa zufrieden und strich Laura über das Haar. Jetzt kann eigentlich gar nichts mehr schiefgehen. Schlaf gut, Kätzchen."

In der Nacht träumte Laura einen Traum: Sie flog mit der hellen, leuchtenden Zattapatta über das dunkle Land. Der helle Mond ließ Städte und Dörfer in einem weißen unwirklichen Licht glänzen, und Laura war von Zattapattas Kleid weich umhüllt, so fühlte sie sich ruhig und geborgen. Ab und zu schauten Zattapatta und Laura in ein dunkles Fenster, hinter dem manchmal ein Kind in seinem Bettchen schlief und einen schlechten Traum hatte. Und dann pochte Laura leise an das Fenster, bis das Kind erwachte, und dann sangen Laura und Zattapatta, vom Mondlicht übergossen, ganz leise: „Hab keine Angst, es ist ja nur ein Traum. Hab keine Angst, es ist ja nur ein Traum." Das Kind konnte beruhigt wieder einschlafen.

Als Laura am nächsten Morgen erwachte, lag ihr Gesicht auf Zattapattas weichem seidenen Kleid, und sie sah direkt in Zattapattas blaue Augen, die sie geheimnisvoll anlächelten.

Eine neue Erfahrung

Für ein Kind, das manchmal keinen Mut hat

Es ist Hochsommer und Ferienzeit. Viele Stadtbewohner sind in die Ferien gefahren, die Straßen sind leer, und die Leute, die zurückbleiben, weil sie arbeiten müssen, stöhnen unter der Hitze. Laura sitzt auf einem Mäuerchen unten an der Straße, baumelt mit den Beinen und langweilt sich ganz schrecklich. Mama und Papa konnten in diesem Jahr keinen Sommerurlaub nehmen. Die ganze Familie kann erst in den Herbstferien verreisen. Michael ist von einem Freund eingeladen worden, seine Großeltern zu besuchen, die auf dem Land in einem großen Bauernhof wohnen. So ist Laura sehr allein. Alle ihre Freundinnen sind fort, und sie muß jeden Tag aufs neue überlegen, was sie an den vielen freien Tagen machen soll. Mama hat ihr versprochen, heute ein wenig früher von der Arbeit zu kommen und mit ihr zum Schwimmen zu gehen. Aber bis dahin ist es noch eine ewig lange Zeit. Laura sieht mißmutig die Straße hinunter. Ein kleiner weißer Hund kommt laut bellend die Straße entlanggerannt und zieht eine lange Leine hinter sich her. Ein junges Mädchen folgt ihm, und Laura hört sie schon von weitem schimpfen: „Conni, du Lümmel, willst du wohl stehenbleiben! Halt! Hörst du wohl!" Conni läßt sich davon überhaupt nicht beeindrucken, die Jagd scheint ihm sehr gut zu gefallen. Ab und zu wendet er seinen Kopf nach hinten, schnappt nach seiner Leine und macht ein paar drollige Luftsprünge. Als ihn das Mädchen fast erreicht hat, hechelt er weiter, und das Mädchen folgt ihm keuchend. Bei Laura hält der kleine Kerl an und springt an ihren baumelnden Beinen hoch. „Na", sagt Laura und springt von ihrer Mauer herunter, „was machst du denn für Sachen?" Sie bückt sich zu dem Hund herunter und streichelt sein festes, weiches Fell. Der kleine Hund quietscht vor Vergnügen und springt immer wieder an Laura hoch. Plötzlich wischt seine rosa Zunge – zack – über Lauras Gesicht. Brr, Laura schüttelt sich. Das findet sie nicht so angenehm. Dann faßt sie schnell nach der Hundeleine und hält sie fest. „Danke", ruft das Mädchen, das jetzt keuchend ankommt, „ein Glück, daß du ihn geschnappt hast." Sie hält sich die Seite und sagt ächzend: „Ich hab' Seitenstechen, so schnell bin ich gelaufen." Als sie wieder zu Atem gekommen ist, schimpft sie ärgerlich den Hund aus, der jetzt ganz brav zu ihren Füßen liegt und mit seinen schwarzen Knopfaugen treu und unschuldig zu ihr heraufschaut. „Das machst du nicht nochmal mit mir, du Lump. Sonst gibt es keinen Hundekeks mehr, hast du wohl gehört?" Conni wedelt freundlich mit seinem kleinen Schwanz und fiept voller Behagen. Die Strafpredigt interessiert ihn nicht die Bohne. Laura lacht und fragt das Mädchen: „Was ist das für ein Hund, der ist ja süß." „Conni ist ein Kernterrier und ein ganz besonders schlimmer. Er hat nur Unsinn im Kopf. Man muß höllisch auf ihn aufpassen, damit er nicht wegläuft. Na ja, eigentlich ist er ja auch ein Jagdhund." Sie bückt sich und streichelt ihm über den Kopf. Conni schließt die Augen und brummt ganz tief vor Behagen. Das Mädchen richtet sich wieder auf und sieht Laura an: „Du bist Laura, nicht wahr", sagt sie dann. „Ja", antwortet Laura verblüfft. „Woher weißt du meinen Namen?" „Ach, ich bin die Schwester von Rikki, dem Freund von Michael, und ich habe dich schon mal von weitem mit deinem Bruder gesehen." „Mhm", nickt Laura, „du bist also Rikkis Schwester. Das hätte ich nicht gedacht, du siehst ja ganz normal aus. Du hast ja noch nicht einmal einen Ohrring im Ohr." „Ach", grinst das Mädchen, „du meinst, weil Rikki so verrückt aussieht, muß die ganze Familie so aussehen." Laura wird ein bißchen rot. Verlegen brummelt sie: „Nein, nein, so habe ich das nicht gemeint."

Aber es klingt nicht so sehr überzeugend. Das Mädchen ist überhaupt nicht beleidigt und sagt nur lachend: „Viele glauben, daß wir eine verrückte Familie sind. Uns macht das nichts aus. Übrigens, ich heiße Elisabeth." Und damit streckt sie Laura die Hand entgegen. Laura schüttelt Elisabeth die Hand und schaut sie sich genauer an. Elisabeth ist bestimmt schon dreizehn Jahre alt. Sie sieht sehr nett aus und hat um die Stupsnase herum viele lustige Sommersprossen. „Was machst du denn hier so allein?" erkundigt sich Elisabeth. Lauras Miene verdüstert sich: „Ich langweile mich zu Tode", sagt sie, „keiner ist hier zum Spielen, und dabei sind Sommerferien." „Wenn du willst", sagt Elisabeth, „kannst du mit mir zum Reiten gehen. Ich bringe nur Conni schnell nach Hause und hole mein Rad. Ich bin in zehn Minuten wieder hier." „Jippi", Laura hüpft vor Freude auf einem Bein herum, endlich hat sie etwas vor. Sie schreibt einen Zettel für Mama und trägt ihr Rad aus dem Keller. Da kommt auch schon Elisabeth um die Ecke geradelt, und es kann losgehen.

Die beiden Mädchen müssen über eine halbe Stunde fahren, bis sie den Ponyhof erreichen. Der Schweiß rinnt ihnen in Strömen über das Gesicht. Aber das macht den beiden nichts aus. Laura ist selig, daß sie Elisabeth begleiten darf, und Elisabeth fährt beinahe jeden Tag zu den Pferden und ist das lange Fahrradfahren gewöhnt. Auf dem Reiterhof herrscht viel Betrieb. Elisabeth nimmt Laura mit in den Stall und zeigt ihr Bobby, das Pony, das sie betreut. Als Elisabeth Bobbys Namen ruft, streckt das schwarze Shetlandpony seinen dicken struppigen Kopf über die niedrige Stalltür und wiehert ganz laut. Elisabeth streichelt ihm den Kopf, während Bobby mit seiner Nase an ihrer Hosentasche stupst. Elisabeth lacht und zieht eine Möhre aus der Tasche. „Hier, du Schleckermaul", sagt sie und hält sie dem Pferd hin. Bobby schnappt sich die Möhre und zermahlt sie langsam mit sichtlichem Behagen zwischen seinen großen gelben Zähnen. Eigentlich hat Laura Angst vor Pferden, aber

Bobby hat so liebe braune Augen, und er ist auch viel kleiner als die meisten Pferde. Laura atmet einmal tief ein und aus und nimmt all ihren Mut zusammen. Vorsichtig streckt sie ihre Hand aus und streichelt ihm zaghaft das weiche Maul. Sie wird zunehmend mutiger, und als Elisabeth Bobby das Halfter anlegt, hält sie sogar seinen Kopf.

Die beiden Mädchen führen Bobby auf die Weide zu den anderen Ponys, damit er sich austoben kann. „Es gibt viel zu tun", sagt Elisabeth, „wir müssen den Stall ausmisten und Bobby striegeln und Mähne und Schweif flechten, denn morgen ist Ponyturnier auf dem Hof. Bobby soll der Schönste sein. Aber vorher zeige ich dir noch Meister. Komm mit." Und geheimnisvoll winkt sie Laura in die riesige Reithalle. Mitten in der Halle steht bewegungslos ein riesiges hellbraunes Pferd. Es hat einen breiten Rücken und dicke, runde Pobacken. Es hält seinen Kopf mit der langen Mähne gesenkt. Vor dem Pferd steht ein kleines Mädchen, so groß wie Laura, und hält sich mit beiden Händen in seiner Mähne fest. „Los, Meister", ertönt eine Stimme, und jetzt sieht Laura, daß das Pferd von einer Frau an einer langen Leine gehalten wird. Meister setzt sich schwerfällig in Bewegung, die Frau schnalzt ein paarmal mit dem Mund, und er fängt an, im Kreis zu traben. Das kleine Mädchen hält sich weiterhin an der Mähne fest, läuft neben dem Pferd her, und als die Frau „Hopp, hopp!" schreit, stößt sie sich vom Boden ab und fliegt, leicht wie ein Vogel, auf seinen Rücken. Oben kniet sie sich hin und krallt sich sofort wieder in der Mähne fest, während er ganz ruhig und gleichmäßig im Kreis herumtrabt. Laura ist starr vor Staunen. Das Mädchen hat ja Mut. So etwas gibt es doch nur im Zirkus, oder? Fragend schaut sie sich nach Elisabeth um. „Das nennt man Voltigieren", sagt Elisabeth, „dabei lernt man die Bewegungen der Pferde genau kennen. Man muß sich ihrem Rhythmus anpassen, sonst fällt man herunter." „Dafür braucht man aber viel Mut", sagt Laura, „ich könnte das nicht. Ich habe viel zu viel Angst vor so einem riesigen Pferd. Dort hoch oben auf seinem Rücken knien – das würde ich mich niemals trauen." „Ach", sagt Elisabeth, „das ist Übungssache. Das kannst du auch lernen. Ich zeige dir mal etwas." Sie geht in den Kreis, faßt mit beiden Händen in Meisters Mähne, trabt neben ihm her, und auf ein „Hopp" schwingt sie sich auf seinen Rücken, und mit einem weiteren „Hopp" stellt sie sich hin und breitet die Arme aus. Nach ein paar Sekunden fängt sie jedoch an zu kippeln und plumpst mit einer Drehung von seinem Rükken hinunter in den Sand. Laura stockt der Atem. Was ist mit Elisabeth, hat sie sich verletzt? Erleichtert sieht sie, wie schnell Elisabeth sich wieder aufrappelt. Sie reibt sich mit verzerrtem Gesicht den Oberschenkel und humpelt stöhnend aus dem Kreis. Die Frau, die die Leine des Pferdes hält, schaut zu ihr herüber und sagt mit strenger Stimme: „Du warst zu übermütig, Elisabeth. Du mußt mehr üben. Du warst die ganze letzte Woche nicht ein einziges Mal zum Training hier." Elisabeth senkt den Kopf. Die Frau fährt fort: „Du wirst in der nächsten Zeit nur Fallübungen machen, bis es wieder richtig sitzt, okay?" Elisabeth nickt kleinlaut und kommt zu Laura zurück. „Toll, wie du das gemacht hast", flüstert Laura Elisabeth ins Ohr. Laura findet das Voltigieren unglaublich spannend. „Glaubst du wirklich, daß ich das auch lernen könnte?" fragt sie Elisabeth. „Klar", sagt Elisabeth, „aber du siehst ja: man muß im Training bleiben. Immer und immer wieder üben, wie man fällt, ohne sich weh zu tun. Damit fängt man sowieso an beim Voltigieren. Frag mal Moni, ob du mitmachen kannst. Das ist die Frau mit der Longe." „Longe?" fragt Laura. „Na ja, die Frau, die die Leine von Meister hat", sagt Elisabeth ungeduldig. Moni, die Trainerin, und die Kleine, die auf dem Rücken von Meister gekniet hatte, kommen auf Laura und Elisabeth zu. „Hi", sagt die Kleine und gibt Laura die Hand, „ich bin Ulli. Hast du Lust, bei uns mitzumachen?" Oh je, Laura weiß nicht, was sie sagen soll. Unschlüssig sieht sie zu dem riesigen Pferd hinüber, das regungslos in dem Longierkreis steht. Ein leichter Schauer läuft ihr über den Rücken. Schließlich stottert sie: „Das Pferd, ich meine Meister, es ist doch so groß. Ich glaube, ich glaube, ich kann das nicht." Moni sieht sie ermutigend an: „Man weiß nie, ob man etwas kann, bevor man es nicht ausprobiert hat. Bist du denn gut im Turnunterricht?" „Ja", erwidert Laura, „im Turnen bin ich gut, ich springe sehr hoch über den Kasten." „Na siehst du", lächelt Moni, „das sind die besten Voraussetzungen. Weißt du was, wir setzen uns jetzt mal zusammen auf Meisters Rücken, und ich halte dich ganz fest. Dann kannst du sehen, wie hoch das ist und ob das Voltigieren dir vielleicht gefallen könnte." Laura atmet tief ein. Jetzt will sie kein Feigling sein. Sie hat ja gesehen, wie ruhig Meister geht, und wenn Moni sie festhält, kann ihr eigentlich nichts passieren. Also los! Sie läßt sich von Moni in den Kreis ziehen. Moni hält dem Pferd auf der flachen Hand ein Zuckerstück unter die Nase. Meister beugt sich mit seinem riesigen Kopf herunter und nimmt das Zuckerstück vorsichtig mit seinem großen Maul aus ihrer Hand. Laura spürt seinen schnaubenden Atem und weicht ängstlich zurück. „Er tut dir nichts", sagt Moni beruhigend, „Meister ist unser Lämmchen." Sie klopft ihm seinen dicken runden Bauch. „Komm, streichele mal seinen Bauch." Zögernd legt Laura ihre kleine Hand an Meisters Bauch und fühlt, wie seine Flanken zittern, und spürt seine wohltuende Wärme. Sie riecht den strengen, unangenehmen Pferdegeruch und sieht sich seinen großen Kopf an, den er tief nach unten gesenkt hat. Nein, erschreckend sieht er nicht aus, nur entsetzlich groß. Moni schwingt sich jetzt mit einem schnellen Schwung auf seinen Rücken und beugt sich zu Laura herab. „Elisabeth wird dir jetzt einen Steigbügel machen", sagt sie von oben lachend, „und ich ziehe dich dann an meinen Armen hoch. Gib mir deine Hand." Auf einmal wächst in Laura der feste Wille, es zu schaffen. Ja, sie will es schaffen, auf jeden Fall. Also: tief durchatmen, Augen schließen, ruhig werden. Los geht's.

Sie öffnet die Augen und reicht Moni ihre Hand. Elisabeth verschlingt die Finger beider Hände fest ineinander und formt auf diese Weise einen kleinen Steigbügel. „Stell einen Fuß hinein und hopp, jetzt stoß dich mit aller Kraft mit dem anderen Bein vom Boden ab." Laura gibt sich einen Ruck, stößt sich ab und wird mit einem kraftvollen Schwung von Monis Armen nach oben gezogen. Zack, da ist sie schon oben. Meister hat keine einzige Bewegung gemacht. Er steht stocksteif da. Man hört nur sein leises Schnauben. Laura sitzt vor Moni auf Meisters Rücken. „So, jetzt lehn dich an mich", sagt Moni und schlingt ihre Arme fest um Lauras Körper. Laura schaut in die Tiefe. Es ist ihr doch sehr mulmig, so hoch hier oben. Ihr Herz klopft heftig, und ihr Atem geht auch sehr unruhig. Also noch einmal: Tief durchatmen, ruhig werden. Monis Arme halten sie ganz fest, und da setzt sich Meister auch schon in Bewegung. Laura macht die Augen zu und überläßt sich seinem Rhythmus. Es kann ihr nichts geschehen, sie wird sicher festgehalten. Nach einer Weile kann sie die Augen wieder öffnen und wahrnehmen, wie ruhig Meister im Kreis geht und wie angenehm seine schaukelnde Bewegung ist. Sie winkt Elisabeth und Ulli zu und ist sehr stolz, daß sie ihre Angst überwunden hat und tatsächlich auf diesem großen Pferd sitzt.

Als sie wieder festen Boden unter den Füßen hat, verspricht sie Moni und Ulli, ganz bestimmt wiederzukommen, um mit ihnen zu trainieren. Dann hilft sie Elisabeth bei allen Arbeiten, die sie noch für das Turnier morgen erledigen muß. Bobby macht ihr keine Angst mehr, der ist ja winzig im Gegensatz zu Meister. Vor ihrer Abfahrt nach Hause wirft Laura noch einen Blick in Meisters Box und hält ihm zum Abschied ihre Hand hin, die er mit seinem samtweichen Maul schnaubend berührt. In der Nacht hat Laura einen wunderbaren Traum: Sie steht im Scheinwerferlicht auf Meisters Rücken in einer Zirkusmanege. Sie sieht so wunderschön aus wie eine Prinzessin. Sie trägt ein

Kleid, das von funkelnden Sternen übersät ist. Unendlich viele Zuschauer strahlen sie bewundernd an und spenden jubelnd Beifall. Unter den rauschenden Klängen der Musikkapelle beginnt Meister, im Kreis zu traben, während Laura auf seinem Rücken eine Pirouette nach der anderen dreht. Ganz oben am Trapez schaukelt Papa und lacht sie an und hält Zattapatta auf dem Schoß, und beide rufen ihr zu: „Es gibt immer einen Weg – und manchmal geht es ganz von selbst!" Und Laura lacht und dreht sich und dreht sich im Kreis.

Gibt es Schutzengel?

Für ein Kind, das manchmal ein Wunder braucht

Laura steht völlig versunken vor dem Schaufenster eines Bilder- und Rahmengeschäftes. Dort ist ein sehr großes Bild ausgestellt, das Laura ganz und gar in seinen Bann zieht. Auf dem Bild sieht man zwei Kinder, einen Jungen und ein Mädchen, auf einem winzig schmalen, gefährlichen Steg über eine tiefe Schlucht gehen. Hinter ihnen steht mit ausgebreiteten Armen ein großer, wunderschöner Engel. Er hat riesige Flügel und trägt ein weißes, langes Kleid. Um ihn herum ist ein heller goldener Schein, der auch die Kinder einhüllt. Laura kann sich von dem Anblick gar nicht losreißen. Ein junger Mann und eine junge Frau bleiben hinter Laura stehen und betrachten einen Augenblick lang das Bild. Dann sagt die junge Frau zu ihrem Begleiter lachend: „Schau dir nur diesen Kitsch an. So ein Bild hängt bei meinen Großeltern über dem Bett, und als Kind war ich ganz verliebt in den Schutzengel. Das ist heute wieder groß in Mode, dabei glaubt ja nun wirklich keiner mehr an so ein Zeug." „Na ja", antwortet der junge Mann zögernd. „Ich weiß nicht so recht, ob man an Schutzengel glauben kann. Manchmal denke ich, es wäre schön, wenn man einen Schutzengel hätte." Und dabei schaut er seine Freundin lächelnd an. Dann legt er seinen Arm um ihre Schultern, und die beiden gehen vergnügt weiter. „Ja", denkt Laura, „einen Schutzengel hätte ich schon sehr gerne, dann bräuchte ich niemals mehr Angst zu haben." Die Kirchturmuhr schlägt ein Uhr. Oh je, Laura ist erschrocken. Sie sollte doch schnell noch Mamas Kostüm von der Reinigung abholen, bevor sie schließt. Mama hat heute ein Gespräch mit vielen wichtigen Geschäftsleuten zu führen, da wollte sie doch so besonders chic aussehen. Aber jetzt ist es schon ein Uhr. Wie der Blitz rennt Laura los, vielleicht schafft sie es eben noch, bevor die Frau von der Reinigung den Laden verläßt. Jetzt noch um die Ecke und dann schnell über Straße. Von weitem sieht sie, wie die Dame gerade die Reinigung abschließt. „Halt! Halt!" schreit Laura. „Bitte warten sie!" und fuchtelt mit den Armen. Die Dame dreht sich um, und Laura flitzt über den Fußgängerüberweg auf die andere Straßenseite. Da! Ein Hupen, ein Bremsenkreischen, Laura fühlt einen Stoß an der Seite, der sie mitten im Lauf umwirft. Verdutzt und benommen liegt sie auf der Straße und weiß gar nicht, was geschehen ist. Sie liegt direkt vor den Rändern eines knallroten Autos. Eine junge Frau reißt die Autotür auf und stürzt zu Laura. „Bist du verletzt?" fragt sie Laura entsetzt und hilft ihr auf die Beine. „Nein, nein", schüttelt Laura den Kopf. „Ich glaube nicht, mir tut gar nichts weh." Sie betrachtet ihre Arme und Beine, da sieht sie keinen Kratzer, keine Verletzung, nichts. Die junge Frau ist kreidebleich. Sie sieht Laura mit tiefer Angst an. „Hast du wirklich nichts? Was ist mit deinem Kopf?" Laura faßt sich an den Kopf. Keine Beule, keine Abschürfung, wirklich nichts. „Ui", seufzt die junge Frau erleichtert, „bin ich froh." Langsam kehrt Farbe in ihr Gesicht zurück. „Da hatten wir aber beide einen tollen Schutzengel. Du bist so plötzlich vor mein Auto gelaufen, ich konnte fast nicht mehr bremsen. Nur gut, daß ich so langsam gefahren bin. Mir zittern richtig die Beine vor Schreck." Laura senkt schuldbewußt den Kopf. „Ja", murmelt sie, „ich habe überhaupt nicht mehr auf den Verkehr geachtet, weil ich noch schnell in die Reinigung wollte." „Kannst du allein nach Hause gehen, oder soll ich dich schnell hinfahren?" fragt die junge Frau. „Ist nicht nötig", sagt Laura, „mir fehlt wirklich nichts. Ich wohne hier gleich um die Ecke." Sie schaut zur Reinigung hinüber. Die ist nun geschlossen, und die Bedienung ist nicht mehr zu sehen. Die junge Frau gibt

Laura eine Visitenkarte mit ihrem Namen und sagt zu Laura: „Deine Mutter soll mich auf jeden Fall anrufen, damit ich weiß, ob du auch tatsächlich heil und gesund bist." Sie verabschiedet sich herzlich von Laura und steigt in ihr Auto.

Laura läuft nach Hause und wird schon an der Tür von Mama ungeduldig erwartet. „Wo hast du denn die Sachen aus der Reinigung?" fragt sie Laura und schaut sich suchend um. „Ich muß gleich fort, ich bin schon spät dran." „Die Reinigung war schon zu", sagt Laura beklommen und erzählt gleich weiter: „Ich bin fast von einem Auto überfahren worden." Mama, die schon gerade tief Luft geholt hatte, um zu schimpfen, macht ein erschrockenes Gesicht. „Wie", sagt sie entsetzt. „Du bist fast überfahren worden, was ist denn passiert?" Laura erzählt ihr alles, und Mama vergißt sofort ihren Ärger und ihre wichtigen Termine. Sie untersucht Laura noch einmal ganz gründlich, aber findet zum Glück auch keine Verletzung. „Dein Schutzengel hat heute aber wirklich gut auf dich aufgepaßt", sagt sie zu guter Letzt und nimmt Laura ganz fest in die Arme. „Du mußt ihm sehr dankbar sein." Durch die Aufregung wird Mama nun wirklich zu spät zu der Verabredung kommen. Ihr elegantes Kostüm hängt immer noch in der Reinigung, sie muß den alten Hosenanzug anziehen. Aber das macht Mama überhaupt nichts aus. Sie ist so glücklich, daß Laura den Unfall unverletzt überstanden hat. Und eines findet Laura auch noch ganz toll: Mama schimpft überhaupt nicht mit ihr über ihre Unachtsamkeit. Sie weiß: Laura ist selbst so erschrocken, daß sie besser auf sich aufpassen wird.

Am Abend sitzen Mama, Papa, Laura und Michael zusammen und sprechen noch einmal über Lauras Unfall mit dem glücklichen Ausgang. Laura erzählt den anderen von dem Bild mit dem Schutzengel, das sie im Geschäft an der Hauptstraße gesehen hat, und fragt gespannt: „Glaubt ihr an Schutzengel?" Die drei überlegen und fangen nach einiger Zeit alle gleichzeitig an zu sprechen. „Halt, stop", ruft Mama, „einer nach dem anderen, man versteht ja sein eigenes Wort nicht mehr." Michael sagt, er glaube nicht an Schutzengel und schon gar nicht an solche mit Flügeln und goldenem Engelhaar. Papa sagt, das sei eine wichtige Frage, die auch von ernsthaften Wissenschaftlern untersucht werde. „Es gibt Wissenschaftler, die heißen Engelforscher und sammeln Geschichten von Leuten, die Erlebnisse hatten, die sie sich nicht erklären konnten. Es gibt Geschichten von Menschen, die bei tiefen Temperaturen nicht erfroren sind, es gibt Geschichten von Kindern, die aus dem Fenster fallen und keine Verletzungen aufweisen. Manche Menschen werden aus dem Feuer und aus dem Meer gerettet, obwohl keiner mehr an Rettung geglaubt hat. Ja, da gibt es ganz erstaunliche Geschichten. Ob es nun Schutzengel sind, die diesen Menschen geholfen haben", fügt er sinnend hinzu, „kann man nicht sagen, denn niemand hat ja bisher so einen Engel gesehen." Mama sagt als letzte ganz bestimmt: „Ich glaube an Schutzengel. Laura hat jedenfalls heute einen gehabt, und darüber bin ich unendlich froh. Ich denke, daß es unterschiedliche Schutzengel gibt. Sie müssen ja nicht immer so engelhaft aussehen wie auf dem Bild, das Laura gesehen hat. So, jetzt aber ins Bett, es ist schon viel zu spät."

Laura wacht mit einem Ruck auf und reibt sich die Augen. Was sitzt denn da auf ihrer Kommode. Das kann doch nicht wahr sein. Da sitzt so ein ..., so ein, ihr fällt überhaupt kein richtiges Wort dafür ein. Da sitzt so ein winzig kleines Wesen mit knallgelben Wuschelhaaren in einem roten Ringelpullover und einer dunkelblauen kurzen Hose mit goldenen Sternen auf ihrer Kommode und baumelt fröhlich mit nackten Beinen. Laura kann es nicht fassen und starrt das Wesen mit offenem Mund an. Das lacht sie aus riesigen blauen Augen an, die richtig funkeln vor Vergnügen. „Na, da staunst du, was?" sagt das Wesen, für das Laura keinen Namen findet. „Du willst sicherlich wissen, wer ich bin." Laura nickt eifrig. „Rate mal, rate mal", kichert das Wesen und hüpft auf der Kommode herum. „Paß auf", ruft Laura, „du wirfst meine Puppe herunter, die hat einen Porzellankopf." Aber bevor sie den Satz zu Ende sprechen kann, stürzt die Puppe kopfüber auf die Erde. Laura springt aus dem Bett und läuft zu ihrer Suse. Au weh, die hat sich ein Stück von ihrer Nase abgebrochen. „Du hast nicht aufgepaßt", schimpft Laura das komische Wesen aus, „jetzt hat Suse eine kaputte Nase". Ihr kommen die Tränen, denn Suse sieht sehr angeschlagen aus. Das komische Wesen macht auf einmal ein ganz ernsthaftes Gesicht und nickt: „Ja, du hast recht, ich habe nicht aufgepaßt. Wie du heute mittag auf der Straße". Oh, Laura ist verblüfft. „Das weißt du?" „Ja", nickt das Wesen, „natürlich, ich weiß alles von dir. Ich bin nämlich dein Schutzengel." Und bei den Worten grinst es wieder über das ganze Gesicht. „Du willst ein Engel sein?" lacht Laura. „Ich glaube dir kein Wort. Du kannst ja gar nicht fliegen!" „So, du glaubst also nicht, daß ich ein Engel bin", sagt das Wesen und setzt eine beleidigte Miene auf. „Dann eben nicht." Es dreht sich um, und da sieht Laura auf einmal ein paar winzige goldene Flügel aus seinem Rücken wachsen. „Oh", stößt Laura erstaunt hervor, „du hast ja Flügel." „Siehst du", sagt der Engel zufrieden, „ich habe es dir ja gesagt, ich bin dein Engel." „Ja, aber, was ist denn mit Suse", flüstert Laura betrübt und schaut Suse traurig an. „Du hast schuld, daß sie so eine angestoßene Nase hat." „Na ja", gibt der kleine Engel widerwillig zu, „ich bin eben auch nur ein kleiner Engel. Ich habe schon so viel damit zu tun, auf dich aufzupassen, da kann ich nicht noch auf deine Suse achten." Laura schaut ihn böse an, da lächelt er auf einmal ganz lieb, fliegt wie ein kleiner Vogel von der Kommode und streicht mit seiner winzigen Hand über Suses Nase. Eins, zwei, drei, ist die Nase wieder heil.

Laura strahlt über ihr ganzes Gesicht. „Der ist witzig, der Engel", denkt sie. „Aber wie der aussieht, eher wie Pumuckl und nicht wie ein Engel". Der Engel kann wohl Gedanken lesen, denn er zuckt die Achseln und sagt: „Ich bin eben kein braver Engel, sondern ein frecher, und freche Engel sehen eben anders aus als brave. Außerdem passe ich so viel besser zu dir. Du bist auch ganz schön frech." „Ich bin überhaupt nicht frech", protestiert Laura laut. „Ha, ha", höhnt der kleine Kerl, „und was war mit Frau Müller aus dem ersten Stock, der hast du gestern Hexenpost geschickt." „Oh", stöhnt Laura, „das weißt du also?" „Ach, ich weiß noch viel mehr", protzt der kleine Engel. „Du nennst deine liebe Freundin Ann-Katrin ‚Affenmäulchen'." Laura wird rot, und der kleine Engel fährt fort: „Gestern hast du in der Schule gelogen und gesagt, du hättest das Gedicht nicht lernen können, weil du solches Bauchweh gehabt hättest", dabei hält es sich den Bauch und stöhnt ganz furchtbar. Laura wird noch röter und weiß gar nicht, wohin sie vor Verlegenheit schauen soll. Sie schielt unter ihren Haaren hervor und sieht den kleinen Engel lachen, lachen, lachen. Laura ist es ganz heiß vor Verlegenheit. „Das finde ich gar nicht witzig", stößt sie hervor, „daß du alles von mir weißt." Der Engel hört auf zu lachen und sagt: „Ich muß alles von dir wissen, sonst kann ich dich nicht beschützen. Für deine Dummheiten mußt du selber einstehen und aufpassen mußt du auch selbst. Aber ich bewahre dich vor schlimmen Dingen, so wie heute." Laura wird es wieder leicht ums Herz, und sie sieht, daß der kleine Engel ein sehr liebes Gesicht hat und sie mit ganz freundlichen Augen anschaut. Sie hat ein warmes Gefühl im Bauch. „So", sagt der kleine Engel, „jetzt muß ich fort, denn der Tag bricht gleich an." „Bleib noch ein wenig", bittet Laura, „ich weiß noch so wenig von dir. Wo finde ich dich denn, wenn ich dich brauche?" „Oh", lacht der kleine Engel, „ich bin immer da! In einer Blume, in einem Sonnenstrahl, in einem Vogel oder in einem Windhauch." Er fliegt in einer großen Kurve von der Kommode, und Laura spürt eine sanfte Berührung an ihrer Stirn. Sie muß niesen. „Hatschi! Hatschi! Hatschi!" Beim letzten Hatschi tanzt ein heller Sonnenstrahl durch Lauras Zimmer und springt ihr in die Augen. Wo ist der Engel? Laura dreht suchend den Kopf hin und her. Ob sie das alles etwa nur geträumt hat? Aber da, auf der Erde, da liegt ein kleiner goldener Stern, der sieht so aus wie die Sterne, die der Engel auf seiner dunkelblauen Hose hatte. Laura meint noch, einen kleinen Hauch von seinem Flügelschlag zu spüren, und lächelt fröhlich.

Ein riesengroßer Hund

Für ein Kind, das manchmal Angst vor Tieren hat

Laura stürmt in die Wohnung, schleudert ihren Ranzen in die Ecke und rennt in die Küche. Ach wie gut, Mama ist schon da. Sie sitzt mit Frau Lange, die heute die Wohnung geputzt hat, bei einer Tasse Kaffee zusammen und klönt. „Mama, Mama", stößt sie aufgeregt hervor, „stell dir vor, die Katze vom Ponyhof hat sieben Junge gekriegt. Elisabeth hat mir das erzählt. Für fünf Katzenbabys haben sie schon Katzeneltern gefunden, aber zwei sind noch übrig. Können wir die nicht nehmen?" Ihre Worte überstürzen sich und holpern so hastig aus ihrem Mund hervor, daß Mama lachend die Hände hebt und sagt: „Langsam, langsam! Ich verstehe ja kein Wort." Laura atmet einmal tief ein und aus und wird zunehmend ruhiger. „Also, die Katze hat Junge bekommen", sagt Mama, „und nun?" Laura nickt und atmet noch einmal langsam ein und aus. Jetzt kann sie die Geschichte laut und deutlich erzählen. „Sie haben auf dem Ponyhof nur mit fünf Kätzchen gerechnet", sagt Laura nun und fährt fort: „Und sie hatten auch für alle ein Zuhause gefunden. Nun sind es aber sieben Katzenbabys geworden, und niemand will die zwei restlichen jetzt haben. Auf dem Hof können sie nicht bleiben, da sind schon viel zu viele streunende Katzen, und der Reitlehrer hat gesagt, wenn sie keiner nimmt, dann müssen sie ins Tierheim.

„Elisabeth hat richtig geweint, als sie mir das erzählt hat", fügt sie bekümmert hinzu. „Die Kätzchen sollen nämlich so richtig süß sein. Was meinst du? Sollen wir sie uns nicht einmal ansehen? Papa hat doch immer eine neue Katze gewollt, nachdem unser dicker Kater weggelaufen, ist und nicht mehr zurückgekommen ist." „Ja, schon", sagt Mama zögernd, „aber du weißt, ich muß viel arbeiten und habe wenig Zeit für so ein kleines Tier. Und dann gleich zwei? Zwei machen mehr Arbeit als eine, das ist doch klar." Jetzt mischt sich Frau Lange ins Gespräch ein. „Natürlich machen zwei Katzen mehr Arbeit als eine, das ist schon richtig, aber zwei können sich prima miteinander beschäftigen und sind nicht so auf die Menschen angewiesen. Wir haben auch zwei Katzen zu Hause, das wissen Sie ja. Und es geht hervorragend." Bei diesen Worten zwinkert sie Laura zu, so daß diese ein wenig Hoffnung schöpft. „Laß sie uns doch einmal ansehen", sagt Laura bittend. Mama seufzt unentschlossen. „Und wer betreut die Tiere, wenn wir verreisen?" „Na ich", sagt Frau Lange, „das ist doch klar. Das ist überhaupt kein Problem." „Mal sehen, was Papa sagt", meint Mama schließlich zögernd. Sie scheint schon halb überzeugt zu sein. Oh, da jubelt Laura innerlich, denn sie weiß genau, was Papa sagt. Der will doch schon lange wieder eine Katze haben, mit der er spielen kann. Das entspannt ihn so sehr nach einem langen Tag, sagt er immer.

Laura hatte recht, Papa war ganz begeistert von der Idee und schlug vor, am Wochenende einen Besuch bei den Katzenbabys zu machen. So kamen nach drei Monaten zwei grau-weiß gestreifte, puschelige Katzenkinder zu Laura und ihrer Familie. Michael und Laura hätten am liebsten den ganzen Tag mit ihnen gespielt, weil sie so süß waren. In der Wohnung sah es seitdem wie in einer Kinderstube aus. Überall lagen kleine Bällchen, Mäuse, Bänder und Korken herum, nach denen die beiden haschten und sprangen und sich dabei überkugelten. Abends lagen sie immer ganz eng umschlungen auf einem weichen Kissen in der Küche und schliefen mit behaglichem Schnurren völlig erschöpft von dem langen Tag ein. Das war die gute Seite der Katzen, aber es gab auch eine schlechte. Laura und Michael mußten nämlich jetzt kräftig im Haushalt mithelfen: Die Katzenklos mußten mehrmals täglich saubergemacht werden, die Futternäpfe mußten gespült werden, und jeden Tag mußte einer von ihnen mit dem Staubsauger die ganze Wohnung durchsaugen. Und dann diese Futtermengen, die herangeschafft werden mußten. Laura stöhnte immer schrecklich, wenn sie sah, wie gierig die beiden ihre Teller leerschleckten. Denn es war ihre Aufgabe, dafür zu sorgen, daß immer genügend Dosen im Vorratsschrank standen. Diese Arbeiten waren äußerst lästig, und manchmal wünschte sich Laura, sie hätte die Idee mit den beiden Katzen niemals gehabt.

Über die Namen für die zwei Katzenbabys hatte sie sich mit Michael sehr gestritten. Laura hatte „Mini und Maxi" vorgeschlagen, weil das eine Katzenkind kleiner als das andere war. Michael hatte sich an die Stirn getippt und gemeint, das seien doch keine Katzennamen, da könnte man sie ja gleich „Dick und Doof" nennen, und er schlug „Michael" vor oder „Jackson" nach seinem liebsten Pop-Star, den Laura so blöd findet. „Du hast ja keine Ahnung, du Baby", hatte er spöttisch gesagt. „Unsere Katzen müssen tolle Namen haben. Vielleicht wie ein Boxweltmeister oder ein Rennfahrer." Es war hin- und hergegangen in dem Streit, und Michael hatte immer wieder „du Baby" zu ihr gesagt und ihr einen Vogel gezeigt. Laura war schließlich ganz empört aufgesprungen und hatte Michael angeschrien: „Immer willst du nur bestimmen, weil du größer bist und noch dazu ein Junge! Ich bin kein Baby und will selber bestimmen. Ich lasse mir das nicht mehr gefallen! Es sind meine Katzen. Ich habe sie zu uns geholt, und sie heißen: Mini und Maxi." Dann hatte sie mit einem Riesenkrach die Tür zugeschlagen und war voller Wut in ihr Zimmer gelaufen. Oh, wie sehr ärgerte sie sich über Michael, der immer alles besser wissen wollte und sie wie ein dummes kleines Baby behandelte. Aber sie fand sich richtig gut, daß sie ihm mal so ordentlich die Meinung gesagt hatte.

Nach einer Weile war Michael dann in ihr Zimmer gekommen und hatte versöhnlich gesagt: „Ich finde Mini und

Maxi auch gut, komm, laß uns Frieden machen. Ich finde wirklich nicht, daß du ein Baby bist, okay?"

Heute muß Laura mit Mini zum Tierarzt, denn sie soll geimpft werden. Laura hat Mini mit viel Mühe in den Katzenkorb gelockt, in dem sie jetzt laut mauzend herumspringt. Ihre kleine Pfote witscht immer wieder mit ausgefahrenen Krallen durch einen Spalt im Korb. Au, jetzt hat sie doch einen blutigen Kratzer auf Lauras Hand hinterlassen. „Hör auf, Mini, hör auf", schreit Laura und leckt sich dem Blutstropfen vom Handrücken. Aber Mini benimmt sich immer verrückter in dem Korb. „Das wird noch Probleme geben", denkt Laura voll böser Ahnungen, als sie den Korb mit der wildgewordenen Mini aufnimmt. Zum Glück hat der Tierarzt seine Praxis ganz in der Nähe, keine fünf Minuten von Lauras Wohnung entfernt. Wenn sie einmal da ist, wird der Tierarzt schon Rat wissen, wie er mit Mini fertig werden soll. Laura macht es große Mühe, den Korb zu tragen, weil Mini immer noch darin herumzappelt. Sie ist so beschäftigt, mit dem Korb die Balance zu halten, daß sie überhaupt nicht mitbekommt, daß ein riesiger schwarzer Schäferhund auf sie zutrabt. Laura blickt erst auf, als sie ein ganz tiefes Knurren hört, und dann bleibt sie vor Schreck bewegungslos stehen. Dieser schwarze Hund ist ja fast so groß wie sie! Er schnüffelt an dem Katzenkorb herum und läßt immer wieder ein tiefes Grollen hören, so daß Laura eine Gänsehaut vor Angst bekommt. Mini ist auf einmal mucksmäuschenstill geworden und rührt sich überhaupt nicht mehr. Laura wagt keine einzige Bewegung mehr, sie traut sich noch nicht einmal, den Kopf zu drehen, und läßt nur schnell die Augen hin- und herblitzen. Aber es ist keine Hilfe in Sicht. Kein Mensch ist auf der Straße. Laura steht wie erstarrt, ohne zu atmen. Sie sieht nichts mehr außer dem riesigen Maul des Hundes, aus dem immer wieder dieses schreckliche Knurren ertönt. Die Welt scheint still zu stehen. „Gleich werde ich ohnmächtig", denkt Laura, die merkt, wie ihre Beine zittern. In ihrem Kopf ist watteweiche Leere. Was kann sie nur tun, was kann ihr denn bloß helfen? „Helfen kann dir die Entspannungsformel", hört sie plötzlich Opas Stimme in ihrem Kopf ertönen. Die E-Formel, wie ging die noch? Lauras Gedanken jagen sich. Sie atmet tief ein und aus und spürt dabei, wie ihr Herz rasend klopft. Ach, ja, jetzt fällt es ihr wieder ein: Tief ein- und ausatmen. Abstand nehmen. Ruhig werden. Sie schließt die Augen und atmet, ohne sich zu bewegen, ein und aus, ein und aus. Wie gut das tut, den schrecklichen Hund nicht mehr ansehen zu müssen. Es funktioniert. Sie spürt, daß sie ruhiger wird und daß das Zittern in ihren Beinen aufhört. Nach einer Ewigkeit – wie es ihr scheint – traut sie sich wieder, die Augen zu öffnen. Der riesige Hund hat sich vor ihre Füsse auf den Bauch gelegt und schaut mit großen Augen zu ihr auf. Er hechelt ein wenig, und Laura sieht mit Erstaunen, daß er mit dem Schwanz wedelt. Und sie sieht noch etwas: Er trägt ein hübsches rotes Tuch um den Hals, wie Tommi, ihr Baby-Cousin. Plötzlich kann Laura auch wieder klar denken. Bösartige Hunde tragen eigentlich einen Maulkorb und bestimmt nicht so ein nettes Tuch um den Hals. Und außerdem laufen sie auf der Straße nicht frei herum, sondern sind in einem Zwinger untergebracht. Lauras Starre löst sich, und sie macht vorsichtig einen Schritt nach vorn. Der Hund bleibt ruhig liegen und wedelt weiter freundlich mit seinem Schwanz. „Sprich mit ihm, sprich mit ihm", ermahnt Laura sich unhörbar. „Hunde mögen es, wenn man nett zu ihnen spricht, genauso wie die Katzen." „Guter Hund, guter Hund", murmelt sie leise, und ihre Stimme zittert noch ein wenig. Der Hund schaut sie aufmerksam an und richtet seine Ohren auf. „Guter Hund", Lauras Stimme wird fester, „guter Hund." Vorsichtig streckt sie ihre Hand aus. Er öffnet sein Maul. Plötzlich leckt er ihr mit seiner großen rosa Zunge über die Hand. Dabei wedelt er immer freudiger mit seinem Schwanz. „Nein, er ist gar nicht bösartig", denkt Laura und streicht ihm vorsichtig über den Kopf. „Er hat nur so ein großes Maul. Er hat

115

bestimmt die Katze in dem Korb gerochen, und das hat ihn aufgeregt. Aber ein Beißer ist er auf keinen Fall." „Na, habt ihr Bekanntschaft geschlossen?" sagt auf einmal eine Stimme. Eine kleine dicke Frau ist näher gekommen und steht vor Laura und dem Hund. „Darf ich vorstellen", sagt die Frau, „das ist Quintus. Er ist erst acht Monate alt." Sie streicht dem Hund über den Kopf. „Er ist ein ganz braver, aber manchmal ein wenig ungestüm, weil er noch so jung ist. Was hast du denn in dem Korb?" erkundigt sie sich dann bei Laura interessiert. „Mini, meine Katze", sagt Laura, „die muß zum Tierarzt." „Da haben wir denselben Weg", lacht die Frau. „Wir können zusammen gehen. Quintus hat sich einen Dorn in den Fuß getreten, und der Fuß hat sich böse entzündet. Ich glaube, der Doktor muß einen kleinen Schnitt machen." „Der arme Quintus, das wird ihm bestimmt viel Angst machen", sagt Laura mitfühlend, und dann lacht sie ein bißchen in sich hinein und denkt: „Er wird wahrscheinlich genausoviel Angst vor dem Doktor haben wie ich vorhin vor ihm. Und er hat keine E-Formel, die ihm die Angst nimmt."

Streithammel

Für ein Kind, das manchmal Streit mit anderen hat

Laura sitzt mit ihrer Puppe Zattapatta in der Küche und ist traurig. Mama und Papa haben sich gestritten. Dann sind beide wütend aus der Küche gerannt und haben fürchterlich mit den Türen geknallt. Papa ist mit seinem Auto weggefahren, und Mama ist im Schlafzimmer verschwunden. Laura sitzt schon seit einer Stunde und wartet darauf, daß Mama aus dem Schlafzimmer kommt. Ab und zu schleicht sie sich an die Schlafzimmertür und horcht. Aber man hört von drinnen keinen Laut. Auf Lauras Herz liegt der Kummer so schwer wie ein Stein. So zornig hat sie Papa und Mama noch nie gesehen. Hoffentlich dauert der Streit nicht zu lange. Mama sagt immer zu Laura: „Ein Streit darf nur bis zum Sonnenuntergang dauern, dann muß die Versöhnung kommen, damit man ruhig schlafen kann." Jetzt ist es schon sieben Uhr abends, und Mama ist immer noch im Schlafzimmer. Da, plötzlich hört Laura, wie sich ein Schlüssel im Schloß der Wohnungstür dreht. Sie läuft rasch in den Flur. Papa ist wieder da. Ach, ist Laura erleichtert. Er hält einen großen Rosenstrauß in der Hand und stürmt an Laura vorbei direkt ins Schlafzimmer. Laura strahlt ihre Zattapatta erleichtert an und geht beruhigt in ihr Zimmer. Nach einer langen Weile hört sie Türenklappen und ein lautes fröhliches Lachen aus der Küche erschallen. Jetzt ist alles wieder gut, und der dicke Stein auf Lauras Herz löst sich auf wie Butter in der Sonne.

In der letzten Zeit hat es einige Probleme zu Hause gegeben, Mama hat in ihrer Agentur schrecklich viel zu tun und ist sehr gereizt. Papa kommt häufig erst spät nach Hause und will in Ruhe gelassen werden. Frau Lange, die Mama im Haushalt hilft, hat sich ein Bein gebrochen, und zu allem Überfluß war vor drei Tagen auch noch die Spülmaschine kaputtgegangen. „In unserer Wohnung herrscht das Chaos", stöhnen Mama und Papa mehrmals am Tag und schauen sich verzweifelt an. „Aber das Leben ist Chaos", sagt Mama, „Ordnung ist Stillstand." „Ordnung ist das halbe Leben", sagt Papa. Das hat jedenfalls der Papagei von Tante Ada immer gekreischt, und allmählich glaube ich das auch." Dann schaut er sich in der Küche um und hebt voller Entsetzen die Arme hoch, wenn er den Berg von ungespülten Tellern und Tassen, Töpfen und Pfannen sieht. „Oh je, oh je, oh jemine", stöhnt er dann. „Ich lade euch zum Italiener ein. Dieser grauselige Anblick ist ja nicht zu ertragen." Aber manchmal, so wie heute, gibt es Streit und Ärger, weil alle so angespannt sind. Papa meckert, daß er überhaupt der einzige sei, der sich in diesem Haushalt um irgend etwas kümmern würde, und im übrigen habe er kein einziges sauberes Hemd mehr im Schrank. Mama schimpft dann zurück, sie sei schließlich eine berufstätige Frau und nicht der Putzlappen für Faultiere. Und wenn sich die beiden dann so richtig angiften, dann finden sie manchmal nicht mehr zurück zu ihrem Lachen und haben einen handfesten Streit. Laura hat das in letzter Zeit öfter erlebt und bekommt immer einen großen Schrecken, wenn sie Mama und Papa mit erhobenen Stimmen hört und merkt, daß sie sich aus zornblitzenden Augen ansehen. Dann läuft sie immer schnell in ihr Zimmer und spricht sehr lange und eindringlich mit ihrer Zauberpuppe Zattapatta. Das hilft in den meisten Fällen, denn Laura hört in ihrer Vorstellung Zattapatta immer leise zu ihr sagen: „Nimm einen tiefen Atemzug, spür wie dein Herz sich beruhigt, und denke daran: Die meisten Schwierigkeiten sind am nächsten Morgen vorbei. Wenn die Sonne neu am Himmel aufgeht, ist alles wieder gut." Dann atmet Laura tatsächlich ganz tief ein und aus und spürt, wie ihr Herz wieder ruhiger klopft.

Als Laura am anderen Morgen aufwacht, scheint die Sonne hell und strahlend in ihr Zimmer. Laura zieht die Vorhänge auf und schaut voller Freude in die grünen Bäume vor ihrem Fenster. Welch ein schöner Tag. Sie läuft in die Küche und sieht Mama fröhlich am Kaffeetisch sitzen. Der riesengroße Rosenstrauß, den Papa gestern mitgebracht hatte, steht vor ihrem Platz und erfüllt die ganze Küche mit einem wunderbaren Duft. Hm, Laura zieht ihre Nase kraus und schnüffelt. Wie gut das riecht. „Ja", nickt Mama vergnügt. „Es riecht nach Sommer und nach Versöhnung, nicht wahr, Kätzchen. Ich glaube, du hast dich gestern abend sehr erschrocken über unseren Streit." „Oh ja", antwortet Laura und macht ein ernstes Gesicht." Sie spürt noch einmal einen winzigen eiskalten Hauch von diesem Schreck. „Kommt nicht wieder vor", sagt Mama, „es tut uns leid, Papa und mir. Wir haben uns dumm benommen. Aber das kennst du sicher auch, daß man manchmal nicht rechtzeitig aufhören kann mit dem Streiten, und dann ist es oft sehr schwer, einen Weg zurück zu finden und wieder gut miteinander zu sein."

Ja, Laura kennt das sehr gut. In Gedanken versunken kaut sie an ihrem Honigbrötchen und denkt an ihren Streit mit Ann-Katrin. Vor langer Zeit hatte sie sich einmal mit Ann-Katrin ganz schrecklich gestritten. Die beiden Freundinnen hatten dann eine Woche lang kein Wort mehr miteinander gesprochen, obwohl es Laura auf jeden Fall schon nach wenigen Minuten furchtbar leid getan hatte. Heute weiß sie gar nicht mehr, worüber eigentlich der Streit entstanden war. Das war eine ganz entsetzliche Woche gewesen. Ann-Katrin und Laura holten sich nicht mehr ab, um zusammen zur Schule zu gehen. Wenn sich ihre Blicke zufällig begegneten, schauten beide ganz schnell in eine andere Richtung, in der Pause gingen sie so weit voneinander weg, wie es nur möglich war. Die anderen in der Klasse merkten das natürlich, denn Laura und Ann-Katrin waren vorher unzertrennliche Freundinnen gewesen. Alle machten sich lustig über die beiden.

„Streithammel, Streithammel", wurden sie von den anderen Kindern veräppelt. „Wie viele Wochen wollt ihr das noch aushalten?" Der Spott machte alles noch viel schlimmer. Je mehr die anderen spoteten, desto eisiger wurde das Schweigen zwischen den beiden. Auch damals schon hatte Laura mit ihrer Puppe Zattapatta gesprochen und ihrer kleinen Stimme gelauscht, die immer sagte: „Atme ruhig und gleichmäßig, und du wirst sehen, dein Herz wird leicht, und deine Gedanken werden klar. Und dann findest du sicher einen Weg." Wenn Laura mit Zattapatta gesprochen hatte, fühlte sie sich immer getröstet und zuversichtlich.

Wie war es denn nun eigentlich gekommen, daß Ann-Katrin und Laura sich wieder vertrugen? Laura versucht sich zu erinnern. Eines Tages, auf dem Nachhauseweg, war sie an einer alten Dame vorbeigekommen, der gerade eine große Tüte mit Kartoffeln heruntergefallen war. Die Kartoffeln lagen über den ganzen Bürgersteig verstreut. Ann-Katrin, die vor Laura hergegangen war, hockte auf dem Boden und sammelte die Kartoffeln wieder ein. Sie hatte beide Hände voller Kartoffeln und schaute sich suchend um: Wohin denn nun mit den Kartoffeln? Die Tüte war geplatzt. Laura schaute Ann-Katrin ins Gesicht, das schon ein bißchen Kartoffelerde abbekommen hatte. Sie mußte über das verschmierte Gesicht und den hilflosen Blick von Ann-Katrin auf einmal fürchterlich lachen. Sie lachte und lachte und lachte immer weiter, bis Ann-Katrin schließlich auch anfing zu kichern und dann in schallendes Gelächter ausbrach. Die alte Dame wußte gar nicht, was los war. Sie schaute verständnislos von dem einen zu dem anderen Mädchen. Beide fingen immer von neuem an zu lachen, bis ihnen die Lachtränen über die Wangen kullerten und bis Ann-Katrins Gesicht völlig verdreckt war. Eine vorübergehende Frau gab den beiden schließlich eine Tüte, und dann sammelten sie einträchtig alle Kartoffeln auf. Die alte Dame schenkte ihnen zum Dank zwei Mark für ein Eis. Später, beim Eislutschen, war auch das Eis zwischen den beiden Freundinnen gebrochen.

Sie vertrugen sich. Seitdem gab es niemals wieder so einen schlimmen Streit zwischen ihnen. Den beiden Mädchen war die Streitwoche so lange wie ein ganzes Jahr vorgekommen. Laura denkt jetzt bei Streit und anderen Problemen immer an Zattapattas Worte: „Atme ruhig ein und aus. Spüre, wie dein Herz gleichmäßig klopft! Du findest einen Weg, wenn du willst. Und dann geht alles wie von selbst!" Laura hat außer Ann-Katrin noch niemandem von Zattapatta und ihren Ratschlägen erzählt. Sie befürchtet, andere Menschen würden sie vielleicht auslachen und es für Kinderkram halten, wenn sie über ihre Zauberpuppe redet. Deshalb teilte Laura ihr Geheimnis auch nur mit Ann-Katrin. Ann-Katrin konnte nämlich gut verstehen, daß man mit einer Puppe reden kann, vor allem, wenn sie aus so einem geheimnisvollen Land wie Mexiko kommt und von einer weisen Frau verzaubert wurde.

Der Unfall

Für ein Kind, das sich manchmal nicht traut, die Wahrheit zu sagen

Michael rast auf seinem Rad die Straße hinunter. Es ist Mittag. Die Straße liegt verlassen in der warmen Mittagssonne. Er will schnell seine Badesachen holen, denn alle Jungen der dritten Klasse haben sich zum Schwimmen verabredet. Plötzlich ertönt ein schriller Pfiff in seinem Rücken. Das ist doch Rikkis Pfiff. In voller Fahrt wendet Michael den Kopf nach hinten. Da spürt er plötzlich einen dumpfen Aufprall, hört ein Scheppern und Klirren, sein Lenker wird ihm aus der Hand geschleudert, und er fliegt in hohem Bogen auf die Straße. Benommen bleibt er einen Augenblick auf der Straße liegen. Er weiß gar nicht, was passiert ist. Dann setzt er sich mühsam auf und sieht sich um. Er hat in voller Fahrt einen Mercedes gerammt und liegt jetzt, inmitten von Fahrradgestänge und Rücklichtscherben, auf der Straße. Die Stoßstange des Mercedes ist zur Hälfte abgerissen, und an der Seite hat das Auto eine dicke Beule, die wohl von dem Lenker seines Fahrrades stammt. Michaels Rad sieht ziemlich verbogen aus, der Lenker ist verdreht, und im Vorderreifen ist eine Acht. Jetzt kommt Rikki mit seinem Rad herangekeucht. „Ist dir was passiert?" ruft er schon von weitem. „Nein, nur das hier", antwortet Michael, „nur diese winzige Kleinigkeit." Alle Knochen tun ihm weh. Sein Knie blutet, und sein Handgelenk schmerzt höllisch. Es scheint verstaucht zu sein. „Du blutest ja am Kopf!" ruft Rikki, während er sich noch im Fahren von seinem Rad schwingt und es achtlos fallen läßt. Er läuft zu Michael und hilft ihm beim Aufstehen. „Geht es wieder?" fragt er Michael besorgt und hält ihn am Arm. „Einigermaßen!" ruft Michael und faßt sich an die Stirn, von der das Blut herunterläuft. „Ich glaube, es ist nicht so schlimm, nur Hautabschürfungen. Und hier an der Stirn ist eine Schramme. Aber das Auto!" besorgt sieht er sich den Schaden an. „Meine Eltern werden fuchsteufelswild", sagt er, „so eine Reparatur kostet eine Menge Geld." Wie soll er ihnen das nur sagen? „Komm", drängt Rikki, „laß uns das Rad schnell in euren Keller bringen. Keiner hat was gesehen, es war überhaupt kein Mensch auf der Straße. Wenn einer ein so dickes Auto fährt, wird ihn eine so kleine Reparatur sicher nicht an den Bettelstab bringen." Michael schwankt. Soll er einfach abhauen? Er schaut die Straße hinunter. Tatsächlich, Rikki hat recht. Die Straße ist wie ausgestorben. Wenn er an Papas Gesicht denkt, als er ihm das letzte Mal beichten mußte, daß sein Fahrrad gestohlen worden war, weil es nachts unabgeschlossen vor der Haustür gestanden hatte, wird ihm sehr beklommen zumute. Unschlüssig kaut er auf seiner Unterlippe. „Komm, komm", redet Rikki eindringlich auf ihn ein. „Mach schnell, bevor einer kommt. Der Mercedesfahrer hat auch Schuld, er steht schließlich im Halteverbot. Geschieht ihm ganz recht." Ach, Michaels Miene hellt sich auf. Tatsächlich, der Mercedes parkt im Halteverbot. Dann hat er eben selber schuld. Er nickt Rikki zu, Rikki lehnt sein Fahrrad an einen Zaun, und dann tragen die beiden Jungen Michaels Fahrrad schnell in den Keller hinunter. „Morgen bringen wir das Fahrrad in die alternative Werkstatt, da können wir es dann selber reparieren. Ich knacke meine Spardose auf, da habe ich noch ein paar Mäuse drin. Das wird schon reichen", sagt Rikki, und Michael nickt erleichtert. Dann rennen sie wie der Blitz nach oben in die Wohnung. Rikki tupft mit einem feuchten Lappen vorsichtig Michaels Wunde am Kopf ab. Dann kämmt er ihm die Haare in die Stirn und sagt: „Siehst du, so merkt keiner etwas von deiner Verletzung an der Stirn. Jetzt zieh dir Jeans an wegen deiner abgeschürften Knie. okay?" Michael nickt. Sein rechtes Handgelenk schwillt langsam an. Er spürt ein dumpfes Pochen im Gelenk, und manchmal durchzuckt ein feuriger Schmerz den ganzen Arm. Die Hand läßt sich kaum noch drehen. So ein Mist, morgen schreiben sie eine Arbeit. Hoffentlich kann er die Hand bis dahin wieder normal bewegen. Die beiden Jungen hören ein Geräusch aus dem Flur, und dann dreht sich auch schon der Schlüssel im Schloß. Michael und Rikki schauen sich an. „Toi, toi, toi", sagt Rikki mit bedeutungsvoller Miene. „Wird schon gutgehen." Mamas Stimme ruft: „Hallo, hallo, ist da jemand?" Sie öffnet die Tür zu Michaels Zimmer. „Ach, du bist schon da. Ich mache sofort etwas zu essen für uns." „Nicht nötig", sagt Michael, „es ist so warm heute. Rikki und ich haben Eis gegessen. Wir sind noch pappsatt." „Was macht ihr beide denn überhaupt hier?" fragt Mama. „Ich dachte, ihr wolltet zum Schwimmen bei der Hitze." Die beiden Jungen schauen sich verlegen an. „Ja", sagt Rikki geistesgegenwärtig. „Wollten wir auch, aber mein Fahrrad ist kaputtgegangen. Jetzt bleiben wir erst einmal hier und üben für die Mathearbeit morgen." Mama nickt. „Okay, Ich setze mich ein bißchen auf den Balkon in den Schatten. Eigentlich habe ich heute auch gar keinen Hunger. Die Hitze ist ja nicht auszuhalten." Am Abend, als es etwas kühler wird, geht Mama noch schnell zum Einkaufen. Rikki verabschiedet sich von Michael und läuft nach Hause. Michaels Hand ist inzwischen dick angeschwollen und schmerzt immer mehr. Er kühlt sie, wenn keiner hinschaut mit einem kalten Lappen, aber das hilft nicht viel. Laura ist inzwischen auch eingetrudelt. Sie war den ganzen Tag bei Ann-Katrin, ihrer besten Freundin, die in einem Reihenhaus mit einem kleinen Garten wohnt. Die beiden Mädchen haben im Garten getollt und sich unter lautem Kreischen gegenseitig mit dem Gartenschlauch abgespritzt. Jetzt ist Laura sehr müde. Beim Abendbrot sind alle hitzematt, und keiner hat großen Appetit. Mama ist sehr aufgeregt, denn Frau Müller von unten hat ihr eine schlimme Geschichte erzählt, die sich heute vor dem Haus zugetragen hat. „Stellt euch vor", sagt sie,

„der Sohn von Frau Müller hat seinen nagelneuen Mercedes unten direkt vor unserem Haus geparkt, damit seine Mutter nicht so weit gehen muß mit ihrem Stock. Und als er wegfahren will, sieht er, daß sein Rücklicht kaputt ist, die Stoßstange hängt herunter, und tiefe Schrammen und vor allem eine große Beule sind im linken hinteren Kotflügel. Da ist ihm doch glatt einer reingefahren und hat Fahrerflucht begangen. Herr Müller ist stocksauer und will natürlich Anzeige bei der Polizei erstatten wegen Fahrerflucht. Wie findet ihr das? Ist das nicht unglaublich, so einen Schaden zu verursachen und dann nicht wenigstens dafür einzustehen?" Mama hat sich in Zorn geredet und sieht gar nicht, daß Michael glühendrot geworden ist. Laura hat es bemerkt und macht sich ihre Gedanken. Sie hat sich auch schon gewundert, daß Michael mit seiner rechten Hand heute so ungeschickt ist und manchmal bei einer schnellen Drehung sein Gesicht so komisch verzerrt. Michael verdrückt sich sehr rasch nach dem Abendessen in sein Zimmer, wobei er irgend etwas von Mathematik und Üben murmelt. Papa schaut ihm kopfschüttelnd nach. „Was hat denn Michael heute?" fragt er. „Er hat nichts gegessen und kein Wort gesagt. Merkwürdig. Das ist doch so völlig gegen seine Natur." Und dann lacht er. „Außerdem sieht er heute so anders aus, war er beim Friseur? Er sieht ja so aus wie ich früher. Na ja, vielleicht hat er einen Hitzschlag. Wäre ja auch kein Wunder bei diesen Temperaturen." Laura hilft Mama schnell beim Abdecken und schlüpft danach hastig zu Michael ins Zimmer. Michael sitzt auf seinem Bett und starrt gegen die Wand. Er sagt keinen Ton und dreht sich noch nicht einmal nach Laura um. „Was hast du denn? Bist du krank?" fragt Laura besorgt. „Du warst beim Abendessen so still und hast so ein komisches Gesicht gemacht." Michael streckt ihr wortlos seine rechte Hand entgegen. Die ist inzwischen blau verfärbt, und die Finger sind dick wie kleine Würstchen. „Oh", Laura hält erschrocken den Atem an. „Du Armer. Hast du das noch niemandem gezeigt?" Michael schüttelt den Kopf und stöhnt. „Kann ich nicht, ich habe Mist gemacht, riesigen Mist." Dabei seufzt er fürchterlich und hat einen gewaltigen Kloß im Hals. Du liebe Güte. Laura packt eine böse Ahnung. „Warst du das etwa mit dem Mercedes von Frau Müllers Sohn?" Michael nickt stumm, und jetzt kommen ihm auch die Tränen. Er weint und weint und kann gar nicht wieder aufhören. „Alles ist verpfuscht", schluchzt er, „Mama und Papa werden mir das nie im Leben verzeihen. Irgendwann wird die Polizei herausfinden, wer das gemacht hat. Und dann bin ich dran. Der blöde Rikki, warum habe ich mich bloß überreden lassen, alles zu vertuschen und zu lügen?" Laura ist schrecklich bedrückt. So unglücklich hat sie Michael noch nie gesehen. Ihr Herz ist schwer. Wie kann sie ihm bloß helfen? Sie rückt näher an Michael heran und streichelt ihn. Er legt seinen Kopf auf ihre Schulter und schluchzt aus brunnentiefem Kummer heraus. Beide haben nicht gemerkt, daß Mama leise die Tür geöffnet und ihnen zugehört hatte. Jetzt schleicht sie sich wie ein Schatten wieder vorsichtig aus Michaels Zimmer. Michaels Tränen versiegen langsam, während Laura ihn immer wieder streichelt. Schließlich sagt sie: „Michael, du mußt die Wahrheit sagen. Ich helfe dir, ich komme mit. Du kennst doch die E-Formel, die brauchen wir jetzt ganz nötig. Also: Tief durchatmen! Ganz ruhig werden! Einen klaren Kopf bekommen!" Michael protestiert nicht, sondern atmet wie Laura tief ein und aus und spürt dabei, daß die tonnenschwere Last, die auf ihm liegt, etwas leichter wird. Auch sein Herz klopft nicht mehr so rasend, und sein Atem wird langsam gleichmäßiger. „Siehst du", sagt Laura, „es wird schon besser. Jetzt gehen wir zu Mama und Papa und erzählen alles. Und wir versprechen, daß wir unser Taschengeld sparen wollen, um den Schaden zu bezahlen. Und dann entschuldigst du dich auch bei Herrn Müller. Der ist nämlich eigentlich ganz nett." Michael wird es bei dem Gedanken wieder ganz elend zumute, aber er weiß auch, daß Laura Recht hat. Er muß für den

Schaden, den er verursacht hat, einstehen. „Komm", Laura zieht ihn hoch. „Los, faß Mut. Dann wird alles gut. Wir gehen jetzt sofort zu Mama und Papa." Tief seufzend läßt sich Michael von Laura vom Bett hochziehen und folgt ihr mit zitternden Knien. Aus der Küche dringen Stimmen. Laura nickt Michael ermutigend zu und öffnet die Küchentür. Sie faßt Michael bei der Hand und zieht ihn in die Küche. Mama und Papa schauen die beiden mit ernsten Gesichtern an. Laura gibt Michael einen kleinen Schubs und sagt: „Michael muß euch etwas sagen, aber seid nicht zu böse mit ihm, bitte, bitte!" Michael räuspert sich und fängt dann an zu stottern – sein Gesicht ist brennendrot und ganz heiß vor Angst und Beschämung – : „Ich war das, ich war das mit Herrn Müllers Auto. Ich bin ihm hinten reingefahren! Ich hatte solche Angst, ich konnte es euch einfach nicht erzählen." Dann bricht er wieder in bitteres Schluchzen aus. Laura stößt eine tiefen Atemzug vor Erleichterung aus. Uff, jetzt ist es heraus. Mama und Papa scheinen nicht so überrascht und entsetzt zu sein, wie Laura und Michael gedacht haben. „Michael, komm zu mir", sagt Papa, „setz dich neben mich." Er legt ihm den Arm um die Schultern. „Gut, daß du den Mut gefunden hast, darüber zu sprechen. Mama hat nämlich vorhin zufällig gehört, wie du Laura die Geschichte erzählt hast. Wir haben uns so sehr gewünscht, daß du deine Angst überwinden könntest und uns deinen Fehler eingestehen würdest. Ich weiß, daß es manchmal sehr schwer ist, Verantwortung für Fehler oder Dummheiten zu übernehmen, aber ich habe die Erfahrung gemacht, daß die Menschen Fehler entschuldigen können, wenn man die Schuld eingesteht. Ich glaube, wir schaffen es alle gemeinsam, Herrn Müller zu bitten, die Strafanzeige zurückzunehmen, wenn du ihm erklärst, wie alles passiert ist." Und so kommt es, daß die ganze Familie an diesem Abend mit Michael in der Mitte an Herrn Müllers Tür klingelt. Nachdem Michael mit klopfendem Herzen gebeichtet hat, daß er den Schaden verursacht hat, bittet er ihn um Verzeihung. „Ich schäme mich", sagt Michael zu Herrn Müller, „daß ich so feige war und weggelaufen bin. Ich tue so etwas nie wieder." Und dann fragt er ihn mit klopfendem Herzen: „Würden sie wohl bitte ihre Anzeige bei der Polizei zurückziehen?" Herr Müller hat mit verärgerter Miene zugehört. Aber während Michaels Entschuldigung wird seine Miene zunehmend freundlicher, und am Schluß von Michaels Worten sagt er: „Na gut, mal sehen, was sich machen läßt." Michael schließt vor Erleichterung seine Augen. Dann fährt Herr Müller fort: „Aber eine Strafe muß sein. Versprich mir, daß du zweimal wöchentlich für meine Mutter einkaufen wirst, denn sie ist so alt, sie kann das nicht mehr selber tun." „Oh ja", verspricht Michael. „Das mache ich ganz bestimmt, gleich morgen früh fange ich damit an." „Die finanzielle Seite muß ich mit deinem Papa regeln, und der wird sicherlich auch noch ein Wörtchen mit dir darüber reden müssen", schließt Herr Müller. Michael nickt eifrig. Alles, was jetzt kommt, ist längst nicht mehr so schlimm, und wenn er tatsächlich sein ganzes Taschengeld hergeben muß. Das ist doch ganz gleich. Wichtig ist nur, daß er kein schlechtes Gewissen mehr haben muß. Mama sieht sich danach Michaels Handgelenk an und sagt: „Wir müssen morgen gleich zum Röntgen gehen, vielleicht ist etwas gebrochen." Dann macht sie ihm erst einmal Umschläge mit einem Eisbeutel. „Siehst du", sagt Laura zufrieden vor dem Einschlafen zu Michael, „es geht manchmal besser, als man denkt. Man muß nur den ersten Schritt tun. Dann geht es oft wie von selbst."

Der Klassenkaspar

Für ein Kind, das manchmal stört

„Michael stört den Unterricht." So hatte es Frau Wolf in ihrer Beurteilung zum Herbstzeugnis geschrieben. Mama und Papa hatten schon gemerkt, daß Michael unkonzentriert und zappelig war, und hatten ihn häufig ermahnt, ruhiger zu sein, früher ins Bett zu gehen und nicht so viel fernzusehen. Aber es hatte nichts geholfen. Michael war wie der Zappelphilipp, er konnte überhaupt nicht mehr ruhig sitzen. Wenn er beim Essen saß, zitterte der Tisch, so sehr zappelten seine Beine. Bei jeder Unterhaltung quatschte er dazwischen. In der Schule war es genauso. Er machte hinter dem Rücken der Lehrer Faxen und schnitt Grimassen, so daß seine Schulkameraden kicherten und nicht mehr aufpaßten, weil sie das so komisch fanden. Er kniff die Mädchen und zog sie an ihren Haaren, wenn sie an ihm vorbeigingen, und den Jungen stellte er ein Bein. Er freute sich diebisch, wenn sie sich ärgerten und wollte sich ausschutten vor Lachen. Kurzum, er machte sich wichtig. Zunächst fanden alle in der Klasse sein Verhalten lustig und machten gern mit beim „Lehrerärgern", aber nach und wurde es langweilig. Seit einiger Zeit wurde er sogar ausgebuht, vor allem in Biologie, wo es nämlich gerade sehr interessant war. „Hör auf, du nervst", riefen auch seine besten Freunde Gunnar und Rikki immer häufiger. Und manchmal hatten sie schon keine Lust mehr, mit ihm zu spielen. Michael schien das alles gar nicht zu stören, ganz im Gegenteil, er erfand immer noch mehr Dummheiten, wußte alles besser und gab an wie ein Hahn, der ständig kräht. Er konnte einfach mit den Dummheiten nicht aufhören. Manchmal merkte er allerdings mit Kummer, daß ihm seine Freunde aus dem Weg gingen. Es kam immer öfter vor, daß er ganz allein zu Hause saß. Dann schien es so, als lebten zwei Wesen in ihm: eines, das ihm helfen wollte und eines, das ihn immer noch mehr anstachelte. Das freundliche, hilfsbereite Wesen wisperte ihm immer mit einer freundlichen Stimme in sein linkes Ohr: „Michael, hör auf mit den Dummheiten, du weißt doch, daß du gar kein Störenfried sein willst. Du willst doch ein guter Freund sein! Du willst doch gar nicht so eklig sein! Hör auf! Hör auf! Du weißt, wie es geht." Dann erschrak Michael oft ganz schrecklich über sein dummes Verhalten und nahm sich mit einem tiefen befreienden Atemzug vor, alles zu ändern. Aber genau in diesem Augenblick hörte er dann im rechten Ohr eine zischende, boshafte Stimme, die sagte: „Michael, du kannst noch ekliger sein! Ärgern macht Spaß, mach doch noch mehr und noch mehr." Und dann schien es Michael so, als drehe sich alles in ihm wie ein Kreisel, und ihm fielen immer mehr und mehr Dummheiten ein. Von Tag zu Tag wurde die freundliche Stimme leiser und die boshafte lauter, so daß Michael immer bockiger wurde. Mama und Papa nannten ihn nur noch „Rumpelstilzchen" nach dem bösen Zwerg im Märchen, der die schöne Königstochter so gequält hatte. Aber Michael fühlte sich gar nicht gekränkt durch den Namen, sondern tat alles, um so fies wie das Rumpelstilzchen zu sein. „Du bist wie verhext", sagte Mama manchmal. „Wenn ich bloß wüßte, was wir tun können." „Heute ist so ein schöner Tag", sagt Papa eines Sonntags beim Frühstück zu Michael und Laura. „Ich lade euch ein, mit mir in den Zoo zu gehen. Anschließend essen wir ein Würstchen oder was anderes Leckeres." „Au fein", ruft Laura, „das ist fein." Michael macht schon wieder ein brummiges Gesicht und mault: „Ich gehe nicht mit. Zoo ist etwas für kleine Kinder, ich bleibe hier und gucke fern." Und er wippte auf seinem Stuhl hin und her, daß er fast hintenübergefallen wäre, wenn Mama nicht blitzschnell

die Stuhllehne festgehalten hätte. „Michael, hör auf zu zappeln", sagt sie genervt und schaut ihn streng an. „Wieso",
kichert Michael, „kippeln macht doch Spaß!" und wippt
weiter hin und her. „Hör jetzt sofort auf", sagt Mama mit
ernster Stimme, „ich will diesen Unsinn nicht mehr." „Ich
will das nicht mehr! Hä! Hä!" äfft Michael Mama nach.
„Jetzt ist es genug", sagt Papa mit tiefer lauter Stimme.
Wenn er solch einen Ton in der Stimme hat, dann hört der
Spaß auf, dann ist er sehr verärgert. Das wissen Michael
und Laura sehr gut. Laura erschrickt und schaut Michael
beklommen aus den Augenwinkeln heraus an. Der macht
ein bockiges Gesicht und hört für eine kurze Zeit mit dem
Kippeln auf. Dann geht es wieder los. Mama steht hastig
auf und sagt: „Frühstück ist beendet. Schnappt eure Jacken,
wir wollen los!" „Ich komm nicht mit, ich komm nicht
mit!" schreit Michael und stampft mit dem Fuß auf den
Boden. „Ich habe keine Lust zu solch einem Kinderkram."
Papa packt den zappelnden Michael und hält ihn energisch
fest. Dann sagt er kurz und knapp: „Du kommst mit. Da
gibt es keine Widerrede, basta." Michael traut sich jetzt
doch nicht mehr, etwas dagegen zu sagen. Er schleicht
knurrig in sein Zimmer und knallt die Zimmertür zu. Als
die drei anderen zum Abmarsch bereit sind, kommt er mit
mürrischer Miene aber doch aus seinem Zimmer und folgt
ihnen. Laura, Mama und Papa haben viel Spaß im Zoo. Michael trottet mit großem Abstand hinterher. Sie müssen
immer wieder auf ihn warten, damit sie ihn nicht verlieren.
Papa mag die Bären so gerne, die in ihrem Felsengehege faul
in der Sonne liegen. Einer wälzt sich vor Behagen hin und
her und streckt alle vier Beine in die Luft. Und dann gibt es
einen, den Laura schon von vorigen Besuchen her kennt.
Der richtet sich auf seinen Hinterbeinen auf und erhebt
bettelnd die Tatzen. Das sieht so komisch aus, dieser riesige braune Bär mit seinem gemütlichen Bärengesicht, der
um eine kleine Spende bettelt. Er sieht wirklich wie ein
Teddybär aus. Aber Papa hat ihr erzählt, daß die Bären in

der Natur sehr gefährlich seien und daß sie überhaupt keine süßen Teddytiere sind.

In Kanada, so erzählt er, seien die Menschen in den Wäldern sehr auf der Hut vor den großen braunen Bären, die einen Menschen einfach mit einem einzigen Tatzenhieb niederstrecken könnten. Mama bleibt immer gern vor dem Löwengehege stehen und beobachtet die große Löwenfamilie. Drei kleine Löwenbabys gab es im Frühling, die jetzt richtige Rowdys geworden sind. Sie werden von der Löwenmutter ab und zu mal mit einem freundlichen Prankenhieb in ihre Schranken gewiesen. Der alte Löwe mit seiner zottligen Mähne liegt unbeweglich in der Sonne und öffnet manchmal unendlich langsam ein Augenlid, um in die Sonne zu blinzeln. Ab und zu verscheucht er eine lästige Fliege mit einer schnellen Bewegung seines Schwanzes.

Dann geht es weiter zu den riesigen Elefanten, vor denen sich Laura ein bißchen fürchtet. Sie kommt sich so winzig klein vor im Vergleich zu diesen grauen, massigen Tieren. Sie lehnt sich an den Zaun und bewundert die Elefanten. Neben ihr steht eine Frau, die ihre Hand mit einem Geldstück durch den Zaun streckt. Ein Elefant nimmt ihr mit seinem langen Rüssel ganz vorsichtig die Münze aus der Hand und reicht sie dem freundlichen Elefantenpfleger weiter, der sich höflich bedankt. „Das muß ein komisches Gefühl sein, von so einem Rüssel berührt zu werden", denkt Laura. „Willst du dem Elefanten auch eine Mark geben?" fragt Mama neben ihr. Laura zögert ein wenig ängstlich, aber dann traut sie sich doch. Sie streckt die Mark dem Elefanten entgegen. Der nimmt ihr das Geldstück ganz zart mit seinem trockenen Rüssel aus der Hand. Das war überhaupt nicht unangenehm. Laura freut sich, daß sie so mutig war, und ist sehr erstaunt, wie behutsam dieser riesige Koloß sie berührt hat.

Laura und Mama haben Hunger und wollen jetzt bald ein Würstchen essen. Michael ist muffig und sagt kein Wort. „Gut", sagt Papa, „wir gehen nur noch zu den Affen, und

dann suchen wir uns eine Würstchenbude." Vor dem Affen-
käfig steht eine große Menschentraube, denn der Tierpfle-
ger füttert die Affen gerade mit Bananen. Gierig reißen sie
ihm die Bananen aus der Hand und schälen sie mit großer
Geschicklichkeit. Ein kleiner Affe springt an dem Pfleger
hoch und legt ihm seine Ärmchen um den Hals. „Na, kleiner Vielfraß", lacht der Pfleger, „willst wohl noch eine Banane", und zeigt dann dem Äffchen bedauernd seine leeren
Hände. Nach dem Essen turnen die Affen an ihren Baum-
ästen herum. Einige springen mit gefletschten Zähnen gegen das Gitter und grinsen über das ganze Gesicht. Einer
läuft auf seinen Händen, und ein anderer macht so tolle
Purzelbäume, daß alle Zuschauer klatschen. Nach und
nach zerstreut sich die Menge. Nur Laura schaut immer
noch begeistert zu. Michael hat sich auch herangeschli-
chen, er tut zwar so, als ob ihm die Affenshow völlig gleich-
gültig sei, aber Laura weiß ganz genau, daß er die Affen immer am tollsten findet. Der Pfleger macht inzwischen ein
wenig Ordnung in dem Stall und fegt den Boden. Da sieht
Laura, daß zwei Affen, ein ganz großer und ein kleiner, etwas abseits auf einem Stein sitzen. Vor ihnen liegen zwei
ungeschälte Bananen. Beide starren bewegungslos auf die
Früchte, bis der kleine auf einmal blitzschnell seine Hand
ausstreckt, um sich eine Banane zu schnappen. Genauso
schnell streckt der große Affe mit einem warnenden Knurren seine Hand aus und hält den kleinen fest. Das Spiel wie-
derholt sich viele Male. Laura versteht überhaupt nicht,
was da vor sich geht. Immer wieder will der kleine Affe eine
Banane schnappen, und jedesmal hindert ihn der große Affe
daran. Laura findet den großen Affen gemein, weil er offensichtlich dem kleinen die Banane nicht gönnt. Schließlich
faßt sie sich ein Herz, deutet auf die beiden Affen und fragt
den Pfleger: „Warum ist der große Affe so häßlich zu dem
kleinen?" Der Pfleger blickt Laura fragend an und schaut in
die Ecke, auf die sie deutet. „Ach, den meinst du", lacht er,
„das ist eine witzige Geschichte. Der kleine Affe ist ein

ganz frecher. Er ärgert die anderen, frißt ihnen die Bananen weg, stört seine Geschwister beim Schlafen und tanzt Mutter und Vater auf dem Kopf herum. Zuerst gab es Ermahnungen, dann ein paar Kopfnüsse, und als alles nichts mehr half, da hat der Affenrat beschlossen, einen Affenonkel auszusuchen, der auf ihn aufpassen soll. Und der große Affe, der ist jetzt immer mit dem kleinen zusammen und achtet darauf, daß er sich gut benimmt. Immer, wenn der kleine frech ist und die anderen stört, dann darf er erst als letzter an sein Futter heran." „Aber wie macht der große Affe das denn, daß der kleine ihm gehorcht?" hört Laura zu ihrer Verwunderung auf einmal Michaels Stimme. „Ganz einfach", antwortet der Pfleger, „der große Affenonkel kann so laut und schrecklich knurren wie ein riesiger Hund, so daß sich den anderen Affen das Fell im Nacken sträubt. Und der kleine, der rennt so schnell wie er kann und hält sich die Ohren zu, wenn das Knurren ertönt. Er verkriecht sich dann in einer Ecke und traut sich lange nicht heraus. Inzwischen ist der kleine Affe schon ein richtig netter Affe geworden, und ich glaube, bald braucht er den großen Affenonkel nicht mehr. Ja, ja, die Affen sind schlau, das machen die immer so mit ihren kleinen frechen Affen." „Warum ist der kleine denn so frech", fragt Michael interessiert. „Das weiß man nicht so genau", sagt der Pfleger, „wir glauben, daß es einfach mal eine Zeit gibt, in der Affenkinder schwierig und ungezogen sind. Das gehört irgendwie dazu. Dann müssen die großen Affen gut auf sie aufpassen, damit sie nicht so bleiben. Sonst wird so ein Äffchen zu einem Außenseiter, und kein anderer Affe will mehr mit ihm zusammenleben. Das kommt schon mal vor. Vor Jahren hatten wir schon einmal so einen kleinen Affen, der konnte sich überhaupt nicht anpassen, und kein anderer Affe konnte ihn mehr leiden, so daß wir in schließlich ganz allein in ein Gehege setzen mußten. Da ist er dann ganz krank geworden vor Einsamkeit." Laura und Michael finden diese Geschichte sehr spannend und sehen den kleinen Affen dort hinten auf dem Stein auf einmal mit ganz anderen Augen an. Jetzt gibt der große Affe dem kleinen einen freundschaftlichen Puff mit seiner Hand, und der kleine Affe kann endlich ungehindert seine Banane schnappen. Als er sie aufgegessen hat, schaut er den großen Affen fragend an, und der nickt ihm mit einem breiten Grinsen zu. So darf der kleine Affe sogar die zweite Banane ganz allein aufessen. Mit großem Behagen streicht er sich zufrieden grunzend über seinen kugelrunden Bauch. Dann jagen sich die beiden wie verrückt durch den Käfig und ziehen ihre ganz besondere Show ab, während die anderen Affen alle gemütlich an den Ästen schaukeln.

Der Zootag klingt mit einem Würstchenwettessen aus. Papa hat doch sage und schreibe vier Würstchen verdrückt. Laura und Mama konnten nur ein Würstchen essen, aber Michael, der schaffte drei und hätte fast noch ein viertes gegessen, wenn Papa nicht so gestöhnt hätte: „Ich glaube, mir wird gleich ganz schlecht", und sich dabei kläglich den Bauch gehalten hätte. Alle haben schrecklich über Papa gelacht, und keiner hat ein Wort darüber verloren, daß Michael wieder mit ihnen zusammen lacht.

In der Nacht träumte Michael von einem großen freundlichen Affenonkel, der ihn aus klugen Augen anschaute und sagte: „Hör auf deine gute Stimme, du weißt, wie das geht." Und tatsächlich: Von dem Tag an hörte Michael immer seltener auf die anstachelnde, giftige Stimme in seinem linken Ohr, so daß sie eines Tages von selbst wieder verschwand.

Ein verrückter Einkaufsbummel

Für ein Kind, das sich machmal in einer fremden Umgebung ängstigt

Laura geht mit Mama ins große Einkaufszentrum einkaufen, Mama hat eine lange Liste gemacht von Sachen, die zu Hause fehlen. Außerdem will sie ein paar Geschenke kaufen, denn Oma und Opa haben bald Geburtstag. Draußen ist es mal wieder kalt und naß, so wie immer im November. Laura zieht sich ihre warmen Stiefel an und stülpt sich ihre kuschelweiche Kapuze über den Kopf, in der sie, wie Papa immer sagt, wie ein drolliges kleines Heinzelmännchen aussieht. Gut eingepackt steigen sie in das Auto und machen sich auf den Weg. Auf dem Parkplatz herrscht ein furchtbares Gedränge, so daß Mama ganz hektisch hin- und herkurbelt und leise vor sich hin schimpft. Aber das nützt auch nichts. Sie müssen doch nach unten in die finstere Tiefgarage fahren. Laura grinst und denkt: „Wie wäre es mal mit der E-Formel: Ruhig bleiben! Abstand nehmen! Klar denken!" Aber das sagt sie nicht laut, denn Mama fühlt sich dann vielleicht von ihr veräppelt. Aber gut täte Mama die E-Formel manchmal auch. Unten in der Tiefgarage ist es eng und dunkel, und es riecht gräßlich nach Abgasen. Mama sucht und sucht. Immer, wenn sie denkt, da ist ein Parkplatz, kommt ihr ein anderer zuvor. „Am liebsten würde ich jetzt wieder nach Hause fahren", sagt Mama und wischt sich ein paar Schweißtröpfchen von der Stirn. Aber da haben sie jetzt Glück. Ein netter Mann sieht ihre Not und macht ihnen ein Zeichen, daß er wegfahren will. Er wartet tatsächlich, bis ihr Auto in einer günstigen Position steht und keiner ihnen zuvorkommen kann. Geschafft! Puh, war das eine Anstrengung. Mama und Laura fahren mit dem

Fahrstuhl nach oben in die erste Etage, dort wo die Kaufhäuser ihren Eingang haben. Ist das voll! Die Menschen drängen und hasten durch die Gänge, und Laura wird immer wieder angerempelt. „Große Menschen sind aber auch zu dumm", denkt Laura. „Die schauen nie nach unten und denken gar nicht an die vielen kleinen Kinder, die ihnen nur bis zum Bauchnabel reichen." „Au", schreit Laura. Da hat ihr doch so ein großer dicker Mann auf den Fuß getreten und stürmt einfach weiter, ohne sich umzusehen. Sie hüpft auf einem Bein und hält mit den Händen ihren armen plattgetretenen Fuß. „Der kann sich noch nicht einmal entschuldigen", sagt sie empört zu Mama. Die hat aber den Vorfall gar nicht mitgekriegt. Sie wühlt in einem Stapel Unterhosen und hält ein Boxershort in die Höhe. „Sieh mal", sagt sie zu Laura. „Hier sind Nikoläuse drauf. Ist das nicht witzig für Opa?" Laura ist wütend und gibt ihr keine Antwort. „Soll sie doch kaufen, was sie will. Mir ist das sowieso egal", mosert sie leise vor sich hin. Das fängt ja schön an! Außerdem ist es furchtbar warm, die Luft ist zum Schneiden dick. Sie fächelt sich mit den Händen Luft zu und reißt sich ihre Jacke auf. „Komm", sagt Mama und reißt sie mit sich, „wir müssen hier rein. Michael hat sich neue Knieschützer gewünscht, die braucht er auch dringend zum Rollschuhlaufen." Laura kichert. Rollschuhlaufen, was ist das denn für ein altmodischer Ausdruck? Rollerbladen heißt das doch. Mama ist aber auch wirklich manchmal zu komisch. „Cool" findet sie auch gar nicht gut. Dabei sagen das doch alle.

Im Kaufhaus herrscht ein riesiges Gewühl. Sie kämpfen sich zur Sportabteilung durch, und Mama sucht nach einem Verkäufer. Laura sieht sich voll Interesse die riesigen Inlineskates an. Sie würde ja auch gern so ein Paar haben, aber ihre Eltern sind der Meinung, sie sei noch zu klein dafür, und Michael, der lacht nur höhnisch, wenn sie ihren Wunsch äußert und sagt: „Du bist ja noch ein Baby", dabei ist Michael doch nur zwei Jahre älter als sie. Ah, dahinten ist die Spielwarenabteilung. Laura sieht aus den Augenwinkeln, daß Mama jetzt auf einen Verkäufer einredet, und schlendert zu den Spielsachen. Nach einer ganzen Weile reißt sie sich los und schaut auf. Wo ist Mama? Inzwischen ist es noch voller geworden, und Laura kann vor lauter großen Leuten Mama in der Menge gar nicht sehen. Sie stellt sich auf die Zehenspitzen, aber auch so sieht sie nur viele angespannte und suchende Gesichter. Mama ist nicht da! Sie kämpft sich durch die Menschenmenge, wo gab es denn bloß die Knieschützer? Laura kommt gegen den Strom nicht an, und auf einmal steht sie in der Schmuckabteilung. Auch hier ist es dasselbe. Die Leute suchen nach Verkäufern und lassen genervt ihre Augen umherschweifen. Niemand hat einen Blick für Laura, die sich ganz verloren fühlt und immer unruhiger hin- und herschaut, ob Mama nicht doch gleich auftaucht. Sie zupft einen Verkäufer am Ärmel und will ihn nach der Sportabteilung fragen. Der deutet unwirsch irgendwohin nach hinten, so daß Laura daraus nicht schlau wird. So sucht sie hektisch weiter und steht plötzlich dann doch wieder vor den Inlineskates. Laura atmet glücklich auf und schaut sich erwartungsvoll um. Mama ist nicht da. Erschrocken dreht sie sich im Kreis. Aber wirklich, Mama ist nicht da. Was soll sie jetzt bloß machen? Laura bekommt Angst und spürt, wie die Tränen kommen wollen. Sie ist von dem Gedränge ganz konfus und kann überhaupt nicht mehr überlegen. Sie setzt sich auf die Ecke eines Podestes und schnieft. Was ist, wenn sie Mama gar nicht mehr findet? Sie kennt sich in einem Einkaufszentrum überhaupt nicht aus, und das Auto würde sie auch nicht wiederfinden. Außerdem gruselt sie sich so sehr vor der dunklen Parkgarage. Die Erwachsenen, die hin- und hereilen, kann sie auch nicht fragen, die sind so beschäftigt und haben bestimmt keine Zeit, ihr zu helfen. Beklommen schaut sich Laura um und wird immer ängstlicher. Sie spürt schon einen dicken Kloß im Hals und ist ganz wütend darüber. Sie ist doch kein Baby, sie kann sich doch helfen, oder?

Plötzlich hört sie Papas Stimme sagen: „Wenn du Schwierigkeiten hast, denk immer an die E-Formel, und dann geht
alles ganz leicht, ganz von selbst." Ach ja, die E-Formel:
Tief atmen! Ruhig bleiben! Augen schließen! Das hat sie
schon ein paarmal ausprobiert, und das hat oft geholfen.
Also los. Laura macht die Augen ganz fest zu und atmet tief
in den Bauch hinein. Ein und aus, ein und aus. Mit jedem
Atemzug atmet sie den Druck und die Angst aus sich heraus. Sie spürt, daß der Kloß im Hals kleiner wird und die
Gedanken auch nicht mehr Karussell fahren in ihrem Kopf.
So, jetzt kann sie auch wieder ruhig nachdenken. Hier kann
ihr ja gar nichts passieren. Sie kann ja einfach sitzen bleiben
und in Ruhe abwarten. Mama wird sie bestimmt auch
schon vermissen und nach ihr suchen. Wenn sie beide suchen, kann es passieren, daß sie vielleicht immer aneinan-
der vorbeilaufen. Laura muß an einen Film denken, in dem
ein Mann und eine Frau sich in einem riesigen Kaufhaus
immer wieder verpassen, weil sie ungeduldig sind und nicht
warten können. So fahren sie stundenlang auf der Rolltrep-
pe rauf und runter, immer in die entgegengesetzte Richtung, und finden sich dann erst, als das Kaufhaus schließen
will. Sie beschimpfen sich gegenseitig und machen einen
Riesenwirbel. Das war so komisch gewesen. Laura muß lachen, als sie an die wütenden Gesichter der beiden denkt
und daran, wie sie mit den Händen fuchtelten und keiner
dem anderen zuhörte. Sie setzt sich etwas bequemer hin
und überlegt. Sie wird hier noch eine Weile sitzen bleiben,
vielleicht kommt Mama in diese Abteilung zurück, denn
sie waren hier ja zuletzt zusammen gewesen. In dem Moment hört sie eine Lautsprecherdurchsage: „Herr Meier hat
Frau Meier verloren. Frau Meier, bitte kommen Sie zum of-
fiziellen Treffpunkt im Parterre." Aha, denkt Laura, Erwachsenen geht das also auch so, daß sie sich verlieren.
Also gibt es einen Treffpunkt, das ist doch prima. Wenn
Mama gar nicht kommt, dann frage ich mich zum Treffpunkt durch und lasse sie durch den Lautsprecher rufen.

Ihre Angst ist nun vollständig verschwunden, und so kann sie in aller Ruhe das Gedränge um sich herum betrachten. Plötzlich spürt sie von hinten ein Paar warme Hände an ihren Wangen und hört Mamas Stimme sagen: „Bin ich froh, daß ich dich endlich gefunden habe. Ich habe mir schon solche Sorgen um dich gemacht. Wo warst du denn bloß? Ich bin wie eine Verrückte durch alle Abteilungen gesaust, nirgends konnte mir einer sagen, ob er dich gesehen hatte. Zuletzt habe ich es dann noch einmal hier versucht. Schlau von dir, daß du hier gewartet hast." „Ja", sagt Laura lässig, „und wenn du nicht gekommen wärest, dann hätte ich dich mit dem Lautsprecher suchen lassen." Mama schaut Laura verblüfft an. „Auf die Idee bin ich ja noch gar nicht gekommen. Ich bin total überrascht, daß du keine Angst hast und so kluge Überlegungen anstellen konntest." „Ach", sagt Laura, „Angst hatte ich schon ein wenig, aber du weißt, mit Papas E-Formel kann ich manchmal die Angst verscheuchen wie eine blöde Fliege." Mama lacht und nimmt Laura an die Hand. „So, jetzt passen wir gut aufeinander auf und lassen uns von dem Gedränge nicht nerven. Zuerst einmal nehmen wir uns jetzt ganz viel Zeit und essen ein dickes Eis."

Eiskalte Füße

Für ein Kind, das manchmal nicht weiß, was es tun soll

Es ist Winter in der Stadt, seit ein paar Wochen herrscht klirrender Frost, und das Thermometer fällt ständig unter null Grad. Alle Teiche und sogar die Kanäle sind zugefroren, und heute ist endlich der Startschuß gefallen, das Eis ist freigegeben. Viele Kinder und Erwachsene holen mit großer Begeisterung ihre Schlittschuhe heraus und strömen auf das Eis. Laura ist mit Michael und seinen Freunden mit dem Fahrrad zum Schlittschuhlaufen auf einem See mitten im Stadtpark gefahren. Die Eisfläche glitzert in der kalten Wintersonne, der Himmel ist blaß, und am Himmel kreisen ein paar Bussarde auf der Suche nach Mäusen oder anderer Beute. Auf ihrem Weg sind die Kinder an einem kleinen Teich vorbeigekommen, auf dem zwei Graureiher bewegungslos in der Sonne standen. Ein Mann, der die Reiher durch ein Fernglas beobachtete, ließ sie alle einmal durch das Objektiv schauen, damit sie sich die großen Vögel ganz genau anschauen konnten. Toll sahen die aus in ihrem grau-seidenen Gefieder, das in der Sonne glänzte. Laura hatte Mitleid mit den beiden, denn die hatten bestimmt Hunger und konnten keine Fische fangen, weil alle Teiche zugefroren waren. „Diese Reiher kennen wir hier schon lange", hatte der Mann erzählt. „Sie fliegen oft auf der Suche nach Fischen in unsere Gärten und räubern die Goldfische aus den Zierteichen." „Ganz schön schlau sind die", hatte Laura bei sich gedacht. „Fische aus einem Gartenteich schnappen ist natürlich eierleicht."

Jetzt hockt Laura am Ufer des Stadtparksees und versucht mit klammen Fingern, die Schnürbänder ihrer Schlittschuhe zuzubinden. Ihre warmen Pelzstiefel liegen versteckt unter einem Busch. Michael und seine Freunde sind schon längst auf dem Eis und spielen mit den anderen Jungen Hokkey. „Haben die einen Zahn drauf", denkt Laura, die das schnelle Jagen auf dem Eis bewundernd beobachtet. „Wenn ich doch erst einmal so schnell über das Eis flitzen könnte." Von weitem hört sie das trockene „Klapp, Klapp, Klapp", wenn die Hockeyschläger aneinanderknallen, und die anfeuernden Schreie der Spieler. So, nun ist sie fertig und stakst stolpernd und rutschend den kleinen Abhang zum Eis hinunter. Beim ersten Schritt auf dem Eis glitschen ihr schon die Füße weg, und sie setzt sich unsanft auf ihren Po. Mühsam rappelt sie sich auf und hält sich an den überhängenden Zweigen der Bäume fest. „Das ist überhaupt nicht einfach, das Schlittschuhlaufen", denkt Laura bange. „Hoffentlich falle ich nicht so oft auf die Nase." Sie hat das Schlittschuhlaufen letztes Jahr mit Mama und Papa gelernt, die sie zu Anfang immer an den Händen mit sich gezogen haben, bis sie es schließlich dann ganz allein wagte. Leider war dann plötzlich über Nacht Tauwetter gekommen, so daß sie nicht mehr weiter üben konnte. „Dieses Jahr gehe ich aber bestimmt auf die Eisbahn, mit Ann-Katrin und Julia", nimmt sich Laura vor, während sie wackelig einen Schritt nach dem anderen auf dem Eis macht und mit ausgebreiteten Armen versucht, das Gleichgewicht zu halten, um nicht wegzuglitschen. Nach einer Weile gelingen ihr schon ein paar längere Schritte nacheinander, und schließlich fängt sie sogar an zu gleiten. Das ist ja ein tolles Gefühl, ein paar Meter einfach nur so zu fahren! Sie freut sich und liegt – patsch – wieder auf der Nase, weil sie über einen kleinen Ast auf dem Eis gefallen ist. Unermüdlich steht Laura nach jedem Fallen wieder auf und merkt dabei, daß es ihr immer besser gelingt, das Gleichgewicht zu halten, während ihre Füße auf dem spiegelglatten Eis sicherer werden. Schließlich erreicht sie sogar das Hockeyfeld, wo sich die Jungen einen heißen Kampf liefern, und schaut ihnen eine Weile zu.

142

Dann macht sie sich auf den Rückweg ans Ufer. Inzwischen ist es schon dämmerig geworden, und auf dem Eis wird es leerer. Laura wird langsam müde und fängt an zu frieren. Ein paar Jungen rasen mit Michael in der Mitte wie eine wildgewordene Jagd an ihr vorbei auf das Ufer zu. Michael winkt Laura mit seinem langen roten Schal zu und ruft mit schriller Stimme: „Wir fahren schon nach Hause, du mußt allein nachkommen." In Windeseile ziehen die Jungen ihre Schlittschuhe aus und schwingen sich auf ihre Fahrräder. Ärgerlich schaut Laura ihnen nach. Die hätten ruhig auf sie warten können, diese Angeber. Nun hat Laura das Ufer erreicht und setzt sich müde auf einen Erdhügel. Suchend sieht sie sich um. Wo sind denn ihre Fellschuhe? Hatte sie die Schuhe nicht unter diesem Busch gelegt? Sie schiebt das trockene Laub zur Seite, aber die Schuhe sind nicht da. Jetzt in der Dämmerung sehen alle Büsche ähnlich aus. Unter welchem liegen denn bloß ihre Schuhe? Die Sonne versinkt in einem roten Schein hinter den schwarzen Bäumen, und ein großer gelber Mond erscheint am Himmel. In seinem kalten Licht sehen die Bäume wie gespenstische schwarze Schatten aus. Laura fröstelt und reibt sich ihre eiskalten Hände. Aus der Ferne klingen noch ein paar Rufe und Gelächter zu ihr herüber, aber sonst ist es unheimlich still. Brrr, Laura schüttelt sich, jetzt nichts wie weg von hier. Kein Mensch außer ihr ist hier noch auf dem Eis. Wahrscheinlich sind alle nach Hause gelaufen, weil jetzt die guten Serien im Fernsehen anfangen. Vielleicht sollte sie erst einmal die Schlittschuhe ausziehen. Zum Glück hat sie warme Wollsocken an. Auf Socken kann sie dann besser von Busch zu Busch laufen und ihre Schuhe suchen. Sie nestelt mit ihren kalten Fingern an den Schnürbändern des rechten Schlittschuhes herum. Verflixt, hier hat sich ein Knoten ganz fest zusammengezogen und ist außerdem total vereist. Sie bemüht sich mit zitternden Fingern, den Knoten aufzudröseln, aber es will ihr einfach nicht gelingen. Immer wieder versucht sie es, beißt ihre Zähne wütend zusammen und reißt an dem Schnürband. Schließlich gibt sie es auf, der Knoten läßt sich einfach nicht lösen. Sie schnüffelt ein wenig und beißt sich auf die Lippen. Die Kälte steigt jetzt langsam von ihren Füßen hoch nach oben. Aus ihrem Mund kommen beim Ausatmen weiße Kältewölkchen, die sich als Wassertröpfchen in ihrem Schal festsetzen und langsam zu Eis erstarren. Laura denkt nach, ihr Kopf raucht. Aber ihr will keine gute Idee in den Sinn kommen, wie sie sich aus dieser dummen Lage befreien könnte. Hinter ihr ertönt plötzlich ein Rascheln und Knacken. Huh, was ist das? Sie dreht sich erschrocken um, aber kann in der Dämmerung nichts erkennen. Langsam beginnt sie sich zu fürchten. Das Rufen und Schreien ist verstummt, man hört jetzt keinen einzigen Laut mehr, nur noch die merkwürdigen unbekannten Geräusche, die aus den Büschen herausdringen. Laura weiß ganz tief innen, daß sie der Angst keinen Raum geben darf, sonst verliert sie ihren klaren Kopf, und dann wird alles noch viel schlimmer. Sie kauert sich zusammen, schließt die Augen und atmet ein paarmal ruhig ein und aus. So ist es gut, so kann sie jetzt ganz ruhig überlegen. Ihre Schuhe kann sie heute bestimmt nicht mehr finden, dazu ist es inzwischen zu dunkel geworden. Es ist jetzt viel wichtiger, die Schlittschuhe auszuziehen, damit sie mit dem Rad nach Hause fahren kann. Ihre Füße werden in den warmen Socken schon nicht erfrieren. Laura fällt plötzlich ein: Sie hat ja noch gar nicht versucht, den linken Schlittschuh aufzudröseln. Gut, das macht sie jetzt sofort. Sie öffnet ihre Augen und zieht mit steifen Fingern die Schleife auf. Das geht ganz leicht. Dann zerrt sie das Schnürband aus den Ösen und befreit ihren Fuß aus dem eisigkalten Schlittschuh. Mühsam steht sie auf und hüpft erst einmal wie Rumpelstilzchen auf einem Bein herum, damit der Fuß wieder beweglich wird. „Tut das weh!" denkt Laura und zieht den Atem scharf zwischen den zusammengebissenen Zähnen ein. Wie wird sie denn nun bloß den anderen Schlittschuh los? Sie braucht etwas Scharfes, eine Schere oder ein

Messer, um das Schnürband aufzuschneiden. Mit gerunzelter Stirn blickt sie sich um. Oben auf dem Weg sieht sie ihr Fahrrad im Mondlicht glänzen. Und da hat sie den besten Einfall ihres Lebens. Papa hatte ihr doch vor kurzem im Fahrradladen neues Flickzeug gekauft, dann hatte er ihr eine kleine Tasche mit allem, was man bei einer Fahrradpanne braucht, zusammengestellt und in die Satteltasche gesteckt. Laura humpelt so schnell sie kann nach oben und schaut nach. Hurra, sie hatte es doch geahnt. Papa hat auch eine kleine Schere dazugepackt. Schnell schneidet sie das verflixte Schnürband auf und zieht sich den Schlittschuh vom Fuß. Puh, tut das gut, wieder auf den eigenen Füßen zu stehen. Auch wenn sie nur in Socken stecken. So schnell sie es mit zitternden Fingern schafft, verstaut sie die Schlittschuhe auf ihrem Gepäckträger und radelt zähneklappernd ohne ihre Fellstiefel nach Hause. Michael kommt ihr schon entgegengefahren, denn in der Zwischenzeit hatte ihn das schlechte Gewissen gepackt, weil er Laura so allein in der Dämmerung zurückgelassen hatte. Er ist sehr erleichtert, als er sie sieht. Er hört, was Laura zugestoßen ist und wie sie die Sache gemeistert hat. Da sagt er anerkennend: „Du bist ein richtig schlauer Fuchs, das hätte ich dir gar nicht zugetraut." Das ist ein Riesenlob aus Michaels Mund. Laura ist sehr zufrieden mit sich. Sie hat nicht kopflos gehandelt, sondern ruhig nachgedacht. So hat sie eine gute Lösung gefunden. Am nächsten Tag schauen Laura und Michael unten am See nach Lauras Schuhen und finden sie erst nach langem Suchen unter einem großen Haufen Reisig versteckt. Da hat sich einer einen üblen Spaß mit Laura erlaubt! „Wenn das einer von meinen Freunden war, der kann was erleben", schwört Michael mit drohend erhobener Faust, „das wird er nicht so schnell vergessen. Das kriege ich bestimmt raus", verspricht er Laura, „das kannst du mir glauben." Laura ist überaus beeindruckt von seinem Versprechen und hat glühende Bäckchen. Sie ist stolz auf diesen tollen älteren Bruder!

Eine seltsame Bescherung

Für ein Kind, das manchmal eine Dummheit macht

Es ist Heiligabend. Alle Geschäfte sind geschlossen, die rosa Abenddämmerung senkt sich langsam auf die Stadt. In den Fenstern der Wohnungen glänzen die Lichter, und hinter manchen Gardinen kann man schon leuchtende Tannen-bäume ahnen. Michael trödelt durch den Park nach Hause. Er schaut immer wieder auf seine Uhr. „Um fünf Uhr ist Be-scherung", hat Mama gesagt. Michael hatte von Mama den Auftrag erhalten, bei Frau Lange einen Weihnachtsstern ab-zugeben, denn er konnte vor Aufregung nicht mehr ruhig in seinem Zimmer sitzen und tigerte auf dem Flur hin und her. Er kam allen ständig in die Quere und störte die Vorberei-tungen für den Weihnachtsabend. Jetzt hat Michael noch eine ganze Stunde Zeit. Es ist kein Mensch mehr auf der Straße. Es ist ungewöhnlich still, man hört kein Auto, kein Flugzeug. Aus einem Haus ertönt jetzt Musik, Michael spitzt die Ohren. Ja, die Kinder singen schon „Stille Nacht, heilige Nacht". „Die haben es gut", denkt er, „die brauchen nicht mehr zu warten. Die haben schon Bescherung." Mi-chael kommt an dem kleinen Ententeich vorbei. Der Teich ist fast ganz zugefroren, nur eine kleine Stelle unter dem Ast eines großen kahlen Baumes ist noch offen. Dort in dem Wasserloch drängen sich schnatternd viele kleine und große Enten und Wasserhühnchen. Michael schaut wieder auf die Uhr. Noch immer eine halbe Stunde Zeit bis zur Besche-rung. Die Zeit vergeht aber auch heute unendlich langsam. Vor lauter Langeweile hängt sich Michael an den Ast und spielt Tarzan. Er hangelt sich an dem Ast entlang, schaukelt hin und her und stößt schrille Schreie aus. „So, noch einen

Schwung, dann kann ich endlich nach Hause gehen", denkt er, und genau in diesem Moment bricht der Ast ab, und Michael fällt zwischen die flatternden, schnatternden Enten in das eiskalte Wasser. „Das ist ja eine schöne Bescherung", denkt er entsetzt und krabbelt bibbernd aus dem Wasser. Zähneklappernd rennt er den kurzen Weg nach Hause und klingelt Sturm. Mama öffnet in ihrem schönsten Kleid die Tür und sieht entsetzt auf den tropfenden Michael. „Ich bin ins Wasser gefallen", bringt er zitternd heraus und fühlt sich ganz entsetzlich, als er Mamas entgeistertes Gesicht sieht. „Jetzt ist Weihnachten sicherlich für alle verdorben", denkt er und würde am liebsten weinen. „Komm schnell ins Badezimmer", ruft Mama, die sieht, wie sehr Michael mit den Tränen kämpft. Nachdem sie ihren ersten Schreck überwunden hat, weiß sie sofort, was zu tun ist. Sie läßt schnell heißes Badewasser in die Badewanne einlaufen und hilft Michael, die nassen Klamotten auszuziehen. Der zittert wie Espenlaub und bekommt mit seinen klammen Fingern keinen Knopf auf. Papa und Laura haben den Lärm gehört und schauen verblüfft durch die offene Tür. Da sitzt ein zähneklapperndes Häufchen Elend in einem Haufen nasser Klamotten auf dem Boden und heult. Mama schaut die beiden streng an und sagt: „Ich will jetzt kein Wort von euch hören." Und dann hilft sie Michael in die Badewanne. Oh, tut das gut. Ganz allmählich taut der eiskalte Michael auf und wird rot wie ein gekochter Krebs. Plötzlich bollert es an der Tür, und ein Glöckchen bimmelt dazu. „Wer ist denn das?" Mama und Papa sehen sich verwundert an. Laura rennt zur Tür und öffnet. Oh je, da steht ein riesiger roter Weihnachtsmann mit einem langen, langen Bart vor der Tür, und hinter ihm steht der Knecht Ruprecht in einem braunen Kapuzenmantel mit einem großen Sack in der Hand. Furchtsam weicht Laura ein paar Schritte zurück und ruft mit ängstlicher Stimme: „Mama, das ist der Weihnachtsmann." „Der Weihnachtsmann?" Mama und Papa schauen aus der Badezimmertür und starren den Weih-

147

nachtsmann und seinen Knecht mit offenem Mund an. Mama schaut Papa fragend an, der schüttelt den Kopf, und Mama zuckt mit den Achseln. Schließlich faßt sich Mama und sagt mit fester Stimme: „Wir haben dich aber gar nicht bestellt, lieber Weihnachtsmann, hast du dich nicht in der Tür geirrt? Bei uns haben schon die Wichtel und die Engel die Weihnachtsgeschenke unter den Baum gelegt." Der Weihnachtsmann kratzt sich an seinem langen Bart und sagt dann mit tiefer Stimme: „Vielleicht haben mir meine Engel ja eine falsche Adresse gesagt. Wohnen denn hier nicht Laura und Michael?" „Doch", sagt Mama verwirrt, „die wohnen hier schon." „Dann ist es ja gut", brummt der Weihnachtsmann und schaut sich suchend um. „Wo ist denn der Michael?" „Der sitzt in der Badewanne", rufen Mama und Papa und Laura im Chor. Jetzt scheint der Weihnachtsmann etwas erstaunt zu sein. „So, so", schüttelt er den Kopf, „in der Badewanne, am Weihnachtsabend. Dann wollen wir mal sehen, was da los ist." Und er stapft mit großen Schritten an Mama, Papa und Laura vorbei ins Badezimmer. Michael rutscht tief in die Wanne und starrt den Weihnachtsmann erschrocken an. „Auch das noch", denkt er. Der Weihnachtsmann grinst über das ganze braune Gesicht, und seine Augen funkeln vor Vergnügen, als er das Häufchen nasser Klamotten sieht. Er bückt sich und hebt einen pitschnassen Schuh auf. Kopfschüttelnd läßt er ihn fallen und brummt: „Selbst an Weihnachten machst du also noch Dummheiten, Michael. So, so. Ob ich jetzt noch meinen Sack auspacken kann, das weiß ich gar nicht so recht. Vielleicht solltest du eher eine Rute bekommen." Michael ist es schrecklich beklommen zumute, und er muß schon wieder mit den Tränen kämpfen. Da mischt sich Mama energisch ein: „Jetzt ist es aber gut, lieber Weihnachtsmann. Michael hat Pech gehabt und braucht jetzt keine Strafe, sondern ein freundliches Wort." Und dann fügt sie verschmitzt hinzu: „Also, wie wär's, lieber Weihnachtsmann? Sag du uns doch mal ein schönes Weihnachtsgedicht auf." Der Weihnachtsmann macht ein verdattertes Gesicht und brummelt in seinen Bart. Laura kichert in sich hinein, und auch Papa kann sich ein Lächeln nicht verkneifen. „Ah, da hab' ich's", und fängt mit mächtiger Stimme an zu singen: „Oh Tannenbaum, oh Tannenbaum wie grün sind deine Blätter." Alle fallen in den Gesang mit ein: Mama, Papa, Laura und Michael in der Badewanne und zu guter Letzt auch Knecht Ruprecht. Sie singen das ganze Lied bis zum Ende, alle Strophen, die sie können, und brechen dann in fröhliches Gelächter aus. „Das ist eine schöne Weihnachtsfeier", sagt der Weihnachtsmann mit tiefer Stimme. „Im Badezimmer habe ich noch nie Bescherung abgehalten. Tja, Michael, das haben wir dir zu verdanken. Siehst du, Weihnachten ist ein besonderer Tag, da können ganz wunderbare Dinge passieren, so wie heute. Heute haben sich deine Tränen in fröhliches Lachen verwandelt. So, und nun kommt die Bescherung. Lieber Knecht Ruprecht, packe deinen Sack aus." Da kommen tolle Sachen zum Vorschein, für Laura das Barbie-Pferd, damit Barbie Voltigieren lernt, für Michael die tollen Rollerblades, die er sich schon so lange gewünscht hat, für Mama gibt es ein wunderschönes seidenes Tuch, und Papa bekommt eine prachtvolle Pfeife. Als der Weihnachtsmann alle Geschenke verteilt hat, winkt er ihnen zum Abschied mit augenzwinkerndem Lächeln zu und verläßt mit Knecht Ruprecht die Wohnung. „Vielleicht könnt ihr nächstes Jahr eine schöne Weihnachtsfeier im Kohlenkeller organisieren", ruft er beim Heruntergehen den vieren zu, die ihm vom Treppenabsatz nachschauen, und bricht in ein dröhnendes Gelächter aus, und Knecht Ruprecht kichert leise vor sich hin. Mama, Papa, Michael und Laura schauen sich an und lachen und lachen und lachen. Im Badezimmer, Weihnachten im Badezimmer, nein ist das komisch, und Mama ächzt: „Und nächstes Jahr die Bescherung im Kohlenkeller, wirklich eine schöne Bescherung."

Wer ist die fremde Prinzessin?

Für ein Kind, das manchmal enttäuscht ist

Laura steht vor dem großen Spiegel im Schlafzimmer ihrer Eltern und betrachtet sich mißmutig. Sie dreht sich hin und her, und je länger sie sich anschaut, desto mißmutiger wird sie. Nein, ihr Spiegelbild gefällt ihr ganz und gar nicht. Die Tür öffnet sich, und Michael stürmt herein. „Na, wie findest du mich?" schreit er. Sein lachendes Gesicht taucht hinter Laura im Spiegel auf, während er mit einem silbernen Plastikdegen in der Luft herumfuchtelt. Natürlich sieht er gut aus, wie immer, wenn er sich als Seeräuber verkleidet. Er hat sich ein rotes Piratentuch um den Kopf gebunden und trägt eine schwarze Augenklappe. Sein Gesicht ist dunkelbraun, und auf seiner linken Wange prangt ein schrecklicher Totenkopf. Sonst mußte er ja nicht so viel an sich verändern. Ein altes Ringelhemd, ausgefranste Jeans und Turnschuhe und fertig ist ein erstklassiger Pirat, der Schrecken aller Meere. Laut brüllend und seinen Degen schwingend, rennt Michael wieder hinaus. Laura verzieht ihren Mund und mustert sich noch einmal. Nein, sie mag sich nicht leiden. Nur weil Mama die Grippe hatte und für ein paar Tage im Bett liegen mußte, steckte Laura nun in diesem lächerlichen Zwergenkostüm, dabei wollte sie doch als Prinzessin zu dem Schulfasching gehen, an dem alle Kinder von der ersten bis zur vierten Klasse teilnehmen. Sie hatte sich so sehr darauf gefreut. Mama wollte ihr ein Tüllkleid nähen und eine weiße Strumpfhose mit Sternen bekleben, und auf dem Kopf sollte Laura eine wunderschöne, glitzernde Krone tragen. Nun aber ist Mama krank, und Papa, der gestern erst von einer Geschäftsreise zurückgekommen war, hat kurzerhand von einer Bekannten das Zwergenkostüm ausgeliehen. Und so hat Laura jetzt also eine schöne warme rote Zipfelmütze auf dem Kopf, an ihrem Kinn klebt ein langer weißer Wattebart, und auf jeder Augenbraue sitzt ein weißer Wattebausch. Die ganze Laura steckt in einem unförmigen gelben Overall, und zu allem Überfluß mußte sie auch noch eine häßliche grüne Schürze umbinden. „Ein hinreißender Gartenzwerg, absolut süß und garantiert nicht zu erkennen", hatte Papa mit seinem tiefen dröhnenden Lachen zu Laura gesagt. Laura war sich nicht so sicher, wie er das gemeint hatte. Hatte er sich etwa über sie lustig gemacht? Sie war jedenfalls ganz und gar nicht zufrieden mit ihrem Kostüm. Doch jetzt war es zu spät, etwas zu ändern, denn Papa wartete im Auto schon ungeduldig auf Laura und Michael, um sie zur Schule zu fahren.

Die Aula ist wunderbar dekoriert mit Luftschlangen, Luftballons und Lichterketten, die unentwegt an und aus gehen. Alle Kinder haben seit einer Woche mit Feuereifer beim Schmücken geholfen. Sie haben gebastelt und gemalt, gehämmert und genäht, so daß die Aula nicht mehr wiederzuerkennen ist. Man meint, man sei in einer Märchenwelt. Die Väter und Mütter haben Kuchen und Plätzchen gebakken und kistenweise Getränke herbeigeschleppt. Musik gibt es natürlich aus. Ein Junge aus der achten Klasse hat sich bereit erklärt, den Diskjockey zu spielen, und legt einen Faschingshit nach dem anderen auf. Manche Väter und Mütter haben sich verkleidet und helfen mit, so daß alles reibungslos verläuft.

Laura steht in einer Ecke. Michael hat sich sofort mit einem schrillen Schrei in die bunte Menge gestürzt und führt jetzt gerade eine Schlange von lustigen Räubern, Piraten, Prinzessinnen und Königinnen, Batmen, Mäuseköpfen und anderem Getier an Laura vorbei. „Mach mit, mach mit", rufen sie dem Zwerg zu, der mürrisch in der Ecke steht und grimmig den Kopf schüttelt. Nein, Laura hat keine Lust mitzumachen, überhaupt keine Lust. Als sie den Saal betrat, hatte ein schneidiger Cowboy spöttisch gerufen: „Guckt mal her, einer von den sieben Zwergen. Wie süß! Wo hast du denn dein schönes Schneewittchen gelassen?" Laura hatte ihn nur zornig unter ihren buschigen Watteaugenbrauen hervor angefunkelt und sich ägerlich umgedreht. Alle, die sie traf, haben über den niedlichen kleinen Zwerg gelacht und immer wieder nach dem schönen Schneewittchen gefragt, bis Laura zornentbrannt weggegangen war und sich in die Ecke verdrückt hatte. Neidisch schaut sie zu Ann-Katrin herüber, die in einem wunderschönen roten Taftkleid mit einem weißen Schleier zu der lustigen Musik tanzt. Der Junge, der mit ihr tanzt, ist der Junge aus der dritten Klasse, den Laura auch gut findet. Sie hat ihn schon oft auf dem Schulhof gesehen, aber sie hat sich noch nie getraut, mit ihm zu sprechen. Und jetzt tanzt der so selbstverständlich mit Ann-Katrin. Sie sieht aber auch wirklich toll aus in ihrem glänzenden Kleid! Unter der roten Zipfelmütze wird es Laura allmählich fürchterlich heiß. Kleine Schweißtröpfchen laufen an ihrer Nase entlang in den Bart. Was gäbe sie nur darum, wie Schneewittchen auszusehen. Alle haben Spaß und sind so toll verkleidet. Nur sie sieht so albern aus. Jetzt wirbelt ein wunderschöner Schmetterling mit ausgebreiteten Flügeln an ihr vorbei. Auf seinem Kopf sitzt eine zauberhafte glitzernde Kappe mit zwei langen Fühlern. Seine Flügel schimmern türkis und rosa und leuchten geheimnisvoll bei jeder Bewegung. Bei einer Drehung erkennt Laura Souhalias schwarze Koboldaugen unter der funkelnden Kappe. „Komm mit", scherzt sie, „du kleiner Wichtelmann, komm mit, wir gehen tanzen!" Und anmutig entschwebt sie mit flatternden Flügeln. Jetzt reicht es Laura. Selbst Souhalia konnte sie in ihrer Verkleidung nicht erkennen, und was noch schlimmer ist, sie hat sie auch noch „kleiner Wichtelmann" genannt. Laura reißt sich wütend die mollig warme Zipfelmütze vom Kopf und wirft sie auf den Tisch. Dann versucht sie, den langen Bart, der mit Klebestreifen befestigt ist, loszuwerden. Au, tut das weh! Der Klebestreifen sitzt sehr fest. „Komm, ich helfe dir", hört sie plötzlich eine Stimme neben sich. Sie schaut auf und sieht Souhalias Mutter in einem bunten langen Kleid neben sich stehen. „Ach, du bist es, Laura", sagt Souhalias Mutter überrascht. „Ich habe dich in deiner Wichtelmannverkleidung gar nicht erkannt. Als sie das puterrote zornige Gesicht von Laura sieht, erkundigt sie sich besorgt: „Was ist denn los? Du siehst ja so unglücklich aus." „Bin ich auch", schluchzt Laura auf einmal wütend auf. „Ich habe keine Lust mehr, so ein blöder, häßlicher Zwerg zu sein. Die anderen sind alle viel schöner als ich. Ich ziehe jetzt dieses Zwergenkostüm aus und gehe nach Hause." Souhalias Mutter beugt sich freundlich zu Laura herunter und wischt ihr erst einmal das feuchte, verschmierte Gesicht mit einem Papiertaschentuch ab. Sie überlegt einen Moment. Dann sagt sie: „Weißt du was, ich habe eine Idee. Es wäre doch zu schade, wenn du heute als einzige keinen Spaß haben würdest. Ihr habt euch doch alle so sehr auf diesen Tag gefreut." Sie nimmt Laura den Bart und die Watteaugenbrauen ab. „So", fährt sie fort, „ich glaube, ich habe etwas für dich, das wird dir bestimmt gefallen." Wir fahren jetzt schnell einmal mit dem Auto zu uns nach Hause, komm mit." Laura ist mit allem einverstanden. Nur weg von hier. Außerdem ist sie natürlich gespannt wie ein Flitzebogen, was Souhalias Mutter mit ihr vorhat. Und das ist nun wirklich eine Riesenüberraschung. Souhalias Mutter holt aus einer Truhe eine wunderschöne goldbestickte Pluderhose mit einem roten bauschigen Oberteil hervor. „Das ist ein Festtagsgewand für Mädchen aus unserer Heimat, aus dem Süden Marokkos", erklärt sie Laura, die mit leuchtenden Augen vor ihr steht. „Probier es einmal an, ich glaube, es wird dir passen. Es gehört Souhalia, sie hat aber bestimmt nichts dagegen, wenn ich es dir für heute ausleihe." Eilig schlüpft Laura in die Pluderhosen und in die Bluse. Was für ein federleichter Stoff das ist. Sie streicht vorsichtig über den glänzenden seidigen Stoff, der sich so weich unter ihren Fingern anfühlt. „So, darüber kommt noch diese Weste", sagt Souhalias Mutter und reicht Laura eine rot-gold bestickte winzige Weste. „Das sieht schon sehr gut aus", sagt sie, „aber warte! Du brauchst noch eine Schärpe um die Taille. Und jetzt müssen wir dich noch schminken, damit du auch wie eine echte marokkanische Prinzessin aussiehst." Sorgfältig schminkt sie Lauras Gesicht und malt ihr dunkle Augenbrauen. „Aber was machen wir mit deinen blonden Haaren? Bei uns haben die meisten Menschen dunkle Haare", murmelt Souhalias Mutter grübelnd vor sich hin. „Ach ja, ich habe es. Ich nehme meinen langen goldenen Schal und binde ihn dir als Turban um den Kopf. So, und jetzt noch zwei Ohrringe. Perfekt!" Laura ist schon ganz aufgeregt, denn sie möchte sich so gerne im Spiegel sehen. „Geduld, Geduld", mahnt Souhalias Mutter. „Hier hast du noch ein Paar Lederpantöffelchen. Du kannst doch zu diesem Anzug keine Turnschuhe tragen." Zu guter Letzt legt sie ihr noch ein Armband um den Arm, an dem viele winzige Glöckchen hängen. Ein ähnliches Glöckchenband kommt um die Fußknöchel. „So, jetzt kannst du dich anschauen", sagt sie zu Laura und gibt ihr einen kleinen Klaps. „Ich finde dich wunderschön". Laura steht vor dem Spiegel und kann ihr Glück gar nicht fassen. Sie erkennt sich selber kaum. Ein braunes glückliches Gesicht lächelt sie mit strahlenden blauen Augen aus dem Spiegel heraus an. Laura findet sich atemberaubend schön. Genau wie eine Prinzessin aus Tausendundeiner Nacht. So hat sie sich die schönen Jungfrauen aus den Märchen immer vorgestellt. Mit ausgebreiteten Armen dreht sie sich vor dem Spiegel hin und her, und die vielen kleinen Glöckchen bimmeln dazu mit einem feinen zarten Klang. „Toll", flüstert sie, „oh, wie schön. Die anderen werden Augen machen, und ich wette, mich erkennt keiner." Genau das passiert dann auch. Sie mischt sich unter die fröhlich bunte Faschingsgesellschaft und erntet viele bewundernde Blicke. „Eine wunderschöne fremde Prinzessin aus dem Morgenland", raunen die Cowboys, Piraten und Ritter. Sie drängen sich alle um sie und wollen mit ihr tanzen. Auch der Junge aus der dritten Klasse tanzt mit ihr und macht ihr viele Komplimente. Laura fühlt sich so leicht wie eine Pusteblume und schwebt wie auf Wolken. Am meisten Spaß hat sie aber, als Michael sie um einen Tanz bittet. Ihr Bruder, der vor dem Faschingsfest mit leidenschaftlicher Stimme geschworen hatte, daß er mit seiner Schwester nie, nie, niemals tanzen würde. Der tanzt jetzt mit ihr und fragt immer wieder, wer denn diese Prinzessin aus dem Morgenland wohl sei.

Langsam neigt sich das Fest dem Ende zu. Die Väter und Mütter kommen, um die Kinder abzuholen. Auch Lauras Vater steht in der Tür und schaut sich suchend nach seinen Kindern um. Michael, den Seeräuber, hat er schon herausgepickt, aber wo ist denn der niedliche Gartenzwerg? Der ist nirgendwo zu sehen. Als Michael wieder an Papa vorbeischwirrt, packt er ihn am Ärmel. „Hast du Laura gesehen?" fragt er ihn. „Wir wollen jetzt nach Hause gehen." Michael muß beschämt eingestehen, daß er sich nicht sonderlich um Laura gekümmert hat. Das letzte Mal, als er den Zwerg gesehen hat, stand der bockig in der Ecke und wollte nicht mehr mitmachen. Papa und Michael machen sich auf die Suche. Sie schauen in jede Ecke, aber der Zwerg ist wie vom Erdboden verschwunden. Langsam leert sich der Saal. Papa ist allmählich beunruhigt und fragt alle, die noch da sind, ob sie den kleinen Wichtelmann gesehen hätten. Alle schütteln den Kopf, keiner weiß etwas von ihm. Zu guter Letzt fragt Papa verzweifelt die wunderschöne morgenländische Prinzessin, die schon lange neben ihm steht. Die Prinzessin lacht ihn aus blauen Augen strahlend an und wispert so leise, daß er sich herabbeugen muß: „Der Gartenzwerg war eine verzauberte Prinzessin, die jetzt erlöst worden ist." Verblüfft hört Papa diese Worte und schaut sich die Prinzessin etwas genauer an. Da sieht er ihre blitzeblauen Augen und schüttelt vor Erstaunen seinen Kopf. Wer hätte gedacht, daß aus einem kleinen Gartenzwerg so eine bezaubernde Prinzessin werden könnte. Er macht eine tiefe Verbeugung vor Laura und bittet sie ergebenst um einen Tanz, den sie ihm gnädig gewährt. So fassen Papa und Laura sich an den Händen und tanzen einen ganz langen Walzer, immer im Kreis herum, bis Papa lachend prustet: „Ich kann nicht mehr, liebe Prinzessin. Ich bin doch nur ein armer alter Vater." Michael hat den beiden mit offenem Mund zugeschaut, und langsam dämmert ihm die Erkenntnis, daß er heute tatsächlich seinen Schwur gebrochen hat, nie, nie, niemals mit seiner Schwester zu tanzen. Das ist doch nicht zu fassen, denkt er, daß seine kleine Schwester Laura so einen gewieften Seeräuber wie ihn austricksen kann.

Kinder verstehen

Christina Buchner
Kluge Kinder fallen nicht vom Himmel
Was Eltern alles tun können
Band 4573
Was zu welchem Zeitpunkt wichtig und richtig ist, zeigt Christina
Buchner an vielen praktischen Beispielen, Tips und Übungen.

Ingeborg Becker-Textor
Was in Kindern alles steckt
Begabungen entdecken und fördern – Anleitungen nach Maria
Montessori
Band 4561
Ein praktischer Ratgeber.

Irene Ehmke/Heidrun Schaller
Kinder stark machen gegen die Sucht
Der praktische Ratgeber für Eltern und Erziehende
Band 4538
Konkrete und praktische Tips zur Vorbeugung.

Daniela Blickhan
Nerv nicht so, Mama!
Wie Eltern sich und ihren Kindern mit NLP helfen können
Band 4535
Schwierige Kinder gibt es nicht! Es gibt jedoch schwierige Situationen.
NLP hilft, die Kinder besser zu verstehen.

Xenia Frenkel
Was tut die Bananenschale unterm Bett?
Im Kinderchaos Nerven bewahren und Spielregeln finden
Band 4499
Kinder brauchen das kreative Chaos, aber auch klare Grenzen. Wie Eltern
bestimmte Regeln schaffen können.

HERDER / SPEKTRUM

Walter Pacher
Wenn Kinder keine Grenzen kennen
Konflikte lösen ohne Machtanwendung
Band 4494
Wie die Methode der Familienkonferenz erfolgreich sein kann, zeigt
Walter Pacher mit vielen Beispielen und Übungen.

Birgit Fuchs
Tortellini und Bambini
101 phantasievolle Beschäftigungen für Kinder, deren Eltern
gerade etwas anderes zu tun haben
Band 4473
Für einen ungestreßten Alltag mit den Kleinen. Viel Vergnügen!

Uta Brückner/Heike Friauf
Ich freu mich auf die Schule
Was Eltern bei der Einschulung und für die Grundschulzeit
wissen müssen
Band 4472
Ein unentbehrliches Nachschlagewerk: praxisnah, konkret und
detailliert.

Heiner Barz
Kindgemäßes Lernen
Was die Waldorfschule anders macht
Band 4466
Kreatives Lernen, das den Kindern Freude macht: Der
Erziehungswissenschaftler und ausgebildete Waldorflehrer Heiner Barz
erklärt das Konzept der Waldorfschule.

Christine Brasch
Der gute Ton für kleine Rüpel – und entnervte Eltern
Band 4458
Der tägliche Kampf um Bitte und Danke hat ein Ende: ganz konkrete und
erprobte Hinweise zum Was und Wie des guten Benehmens.

HERDER / SPEKTRUM

Almuth Bartl/Manfred Bartl
Kribbel-Krabbel-Kuschelspiele
Spiel und Spaß für kleine Mäuse
Band 4434

Phantasievolle Spielideen ohne viel Material für den Alltag und für Feste
mit Kindern von eins bis vier

Sabine Bernau
Hilfen für den Zappelphilipp
Das Selbsthilfe-Elternbuch
Band 4368

Alle notwendigen Informationen zur Hyperaktivität. Erfahrungsberichte
von Eltern und Tips zur Selbsthilfe.

Karin Dörner/Christiane Nebel/Alexander Redlich
Geschichten für gestreßte Kinder
Vorlesegeschichten zum Entspannen und Mutigwerden
Band 4362

Im Miterleben dieser packenden, Abenteuer- und Alltagsgeschichten
lernen Kinder, wie sie sich entspannen und mutig an ihre Probleme
herangehen können.

Antje Friese/Hans-Jürgen Friese
Aufregen hilft nicht, Mama!
Wie Eltern die großen Probleme ihrer Kinder verstehen und
helfen können
Band 4359

Gestörte Verhaltensweisen von Kindern sind oft ein Hinweis auf
verborgene Probleme. Eltern sollten lernen diese zu erkennen und
hilfreich darauf einzugehen.

Bruno Bettelheim
Zeiten mit Kindern
Band 4292

Hier sind die praktischen Erkenntnisse des bekannten Kinder-
psychologen, sowie seine tiefsten und schönsten Einsichten in einem
Werk zusammengeführt.

HERDER / SPEKTRUM

Leo Gehrig
Reden allein genügt nicht
Haltung und Verhalten in der Erziehung
Band 4246

Was tun bei Konflikten mit „den lieben Kleinen"? Beispiele und
Anregungen für eine phantasievolle, ehrliche Eltern-Kind-Beziehung.

Roswitha Defersdorf
Ach, so geht das!
Wie Eltern Lernstörungen begegnen können
Band 4243

Damit die Lust am Lernen nicht zum Frust wird: Erprobte Hinweise, wie
Eltern ihrem Kind helfen können, Lernblockaden abzubauen.

Ingeborg Becker-Textor
Unser Kind soll in den Kindergarten
Ein neuer Schritt für Eltern und Kinder
Band 4219

Kindergarten – ein neuer Lebensabschnitt. Hoffnungen, Erwartungen,
Ängste. Praktische Tips für das Miteinander von Eltern, Kindern und
ErzieherInnen.

Walter Pacher
Wenn Kinder immer anders wollen
Mehr Sicherheit und Gelassenheit für Eltern
Band 4118

Zuckerbrot und Peitsche sind keine Wundermittel gegen kleine
Querulanten! Mehr wirkt da schon ein klärendes Gespräch am runden
Familientisch.

Roswitha Defersdorf
Drück mich mal ganz fest
Geschichte und Therapie eines wahrnehmungsgestörten Kindes
Band 4041

Daniel – ein scheinbar ganz normales Kind. Und doch ist er nicht in der
Lage, Sinneseindrücke zu ordnen. Eine betroffene Mutter erzählt vom
Weg der Therapie.

HERDER / SPEKTRUM